रोमिला थापर

रोमिला थापर का जन्म 30 नवम्बर, 1931 को हुआ। उन्होंने पंजाब विश्वविद्यालय से स्नातक किया। 1958 में लन्दन विश्वविद्यालय के स्कूल ऑफ़ ओरियंटल एंड अफ्रीकन स्टडीज़ से डॉक्टरेट की उपाधि प्राप्त की। दिल्ली विश्वविद्यालय के इतिहास विभाग में रीडर रहीं। 1970 में जवाहरलाल नेहरू विश्वविद्यालय में प्रोफ़ेसर बनीं तथा सेवानिवृत्ति के बाद वहीं प्रोफ़ेसर एमेरिटस। 'इंडियन हिस्टरी कांग्रेस' की अध्यक्ष रह चुकी हैं। ब्रिटिश एकेडमी की फ़ेलो हैं।

उनकी प्रमुख कृतियाँ हैं—'अशोक एंड द डिक्लाइन ऑफ़ द मौर्याज़', 'ए हिस्ट्री ऑफ़ इंडिया : वॉल्यूम-1', 'द पास्ट एंड प्रिज्यूडिस', 'एनशिएंट इंडियन सोशल हिस्टरी', 'एक्ज़ाइल एंड किंगडम', 'शकुन्तला : टेक्स्ट्स, रीडिंग्स, हिस्टरीज़', 'हिस्टरी एंड बिऑन्ड', 'सोमनाथ : द मेनी वॉयसेज़ ऑफ़ हिस्टरी', 'वॉयसेज़ ऑफ़ डिस्सेन्ट', 'द फ़्यूचर इन द पास्ट', 'आवर हिस्टरी, देयर हिस्टरी, हूज़ हिस्टरी'।

ऑक्सफोर्ड विश्वविद्यालय समेत कई विश्वविख्यात विश्वविद्यालयों ने उन्हें मानद डॉक्टरेट की उपाधि से सम्मानित किया है। वे लाइब्रेरी ऑफ़ कांग्रेस, अमेरिका के प्रतिष्ठित 'क्लुज पुरस्कार' (2008) से सम्मानित हैं।

अशोक कुमार

अशोक कुमार ने बिहार में 1974 के जन-आन्दोलन की पत्रिका 'तरुण क्रान्ति' और 'समग्रता' में पत्रकारिता का प्रारम्भिक पाठ पढ़ने के बाद दिल्ली के भारतीय जनसंचार संस्थान से पत्रकारिता का डिप्लोमा किया। 'धर्मयुग', 'जनसत्ता', 'इंडिया टुडे हिन्दी', 'इंडिया टुडे साहित्य वार्षिकी' और 'शुक्रवार' के सम्पादक मंडल में विभिन्न पदों पर काम करने के बाद सम्प्रति गांधी शान्ति प्रतिष्ठान से जुड़ाव। उनके अनुवाद में ज्याँ द्रेज़ और अमर्त्य सेन की कृति 'भारत और उसके विरोधाभास', जॉन स्ट्रैटन हौली की दो पुस्तकें 'भक्ति के तीन स्वर : मीराँ, सूर, कबीर' एवं 'कृष्ण की लीलाभूमि : 21वीं सदी में वृन्दावन' और डेविड एन. लॉरेंजन एवं पुरुषोत्तम अग्रवाल की पुस्तक 'जन गोपाल : संत दादू के जीवनीकार' राजकमल प्रकाशन से प्रकाशित हैं।

असहमति की आवाज़ें

रोमिला थापर

अनुवाद
अशोक कुमार

राजकमल पेपरबैक्स

मूल कृति Voices of Dissent : An Essay का अनुवाद

Originally published in English by Seagull Books

Translation published in arrangement with Seagull Books

राजकमल पेपरबैक्स में
पहला संस्करण : जनवरी, 2025
दूसरा संस्करण : अप्रैल, 2025

राजकमल पेपरबैक्स : उत्कृष्ट साहित्य के जनसुलभ संस्करण

राजकमल प्रकाशन प्रा. लि.
1-बी, नेताजी सुभाष मार्ग, दरियागंज
नई दिल्ली-110 002
द्वारा प्रकाशित

शाखाएँ : अशोक राजपथ, साइंस कॉलेज के सामने, पटना-800 006
पहली मंजिल, दरबारी बिल्डिंग, महात्मा गांधी मार्ग, प्रयागराज-211 001
1, अनमोल सोराबजी सन्तुक लेन, धोबी तलाव, मरीन लाइंस, मुम्बई-400 002
वेबसाइट : www.rajkamalprakashan.com
ई-मेल : info@rajkamalprakashan.com

विकास कंप्यूटर एंड प्रिंटर्स
ट्रॉनिका सिटी-201 102
द्वारा मुद्रित

मूल्य : ₹250

ASAHMATI KI AAWAZEIN
by Romila Thapar
Translated by Ashok Kumar

ISBN : 978-93-6086-062-2

क्रम

भूमिका

इस निबन्ध के सूत्र मेरे उन दो व्याख्यानों से जुड़े हैं, जो मैंने 2019 में दिल्ली में दिये थे—पहला था नेमिचन्द स्मृति व्याख्यान, जो मैंने 16 अगस्त, 2019 को दिया था। इसका विषय था : *'द प्रेजेंस ऑफ़ द अदर : रिलीजन एंड सोसाइटी इन अर्ली इंडिया'* (दूसरे पक्ष की उपस्थिति : भारत के प्रारम्भिक काल में धर्म और समाज) और दूसरा था वी.एम. तारकुंडे स्मारक व्याख्यान, जो मैंने 6 दिसम्बर, 2019 को दिया था, और इसका विषय था : *'रिनंसिएशन, डिसेंट एंड सत्याग्रह'* (अस्वीकार, असहमति और सत्याग्रह)।

एक मित्र ने सुझाव दिया कि मुझे इन दोनों को एक साथ मिलाकर छपवाना चाहिए, क्योंकि इनके विषय समान हैं। इन्हें दोबारा पढ़ते हुए मैंने भी सोचा कि एक व्यापक ऐतिहासिक सन्दर्भ देते हुए इन्हें आपस में जोड़कर एक बड़ा लेख तैयार किया जा सकता है। दरअसल, पहला व्याख्यान एक तरह से दूसरे के लिए एक ऐतिहासिक परिप्रेक्ष्य प्रदान करता है, इसलिए दोनों के पूर्वापर सम्बन्ध को देखते हुए मैंने इन्हें जोड़कर एक कर दिया। इस तरह, पहला व्याख्यान इस निबन्ध का प्रारम्भिक भाग है और दूसरा व्याख्यान इसके बाद वाले हिस्से के रूप में समाहित है। इस प्रक्रिया में, मैंने कोशिश की है कि भारत के अतीत के अलग-अलग दौर में जिन-जिन रूपों में असहमति की अभिव्यक्ति हुई है, उन्हें एक व्यापक ऐतिहासिक सन्दर्भ दिया जा सके। हालाँकि ये सिर्फ़ कुछ उदाहरण हैं।

देवकी जैन और दीपक नैयर दोनों ने एक-एक व्याख्यान को पढ़ा और उन पर उपयोगी टिप्पणियाँ कीं। फिर मैंने दोनों को मिलाकर एक विस्तृत लेख अपने कुछ दूसरे मित्रों—शिरीष पटेल, कुणाल चक्रवर्ती, नवीन किशोर—को भेजा। उनकी टिप्पणियों का भी लाभ मिला।

भारत के प्रारम्भिक काल में व्याप्त असहमति के आयामों पर मैं पहले भी लिख चुकी हूँ मगर वर्तमान समय की परिस्थितियों ने मुझे एहसास कराया कि यह विषय अधिक व्यवस्थित परिप्रेक्ष्य की माँग करता है। निबन्ध के उत्तरार्द्ध में न केवल अतीत को वर्तमान से जोड़ने की कोशिश की गई है बल्कि यह संकेत भी किया गया है कि असहमति के कुछ रूप प्राचीन काल से निरन्तर क़ायम हैं। मैंने इस विषय को ऐतिहासिक सन्दर्भ की विहंगम दृष्टि से देखने की भी कोशिश की है। ऐसा करते हुए मैंने यह तर्क देने की कोशिश की है कि मात्र असहमति का पता लगाना ही पर्याप्त नहीं है बल्कि इतिहासकार को इस तथ्य पर भी ज़ोर देना चाहिए कि ऐसी असहमतियाँ क्यों और किनके द्वारा स्वीकार्य थीं, यानी असहमति के सभी रूपों पर सार्वजनिक प्रतिक्रिया का अध्ययन। अतः मेरी नज़र इस प्रश्न पर टिकी हुई है कि क्या असहमति की कुछ निश्चित अभिव्यक्तियों के सम्बन्ध में होने वाली इस प्रतिक्रिया में सुसंगतता रही है।

असहमति का अध्ययन यह समझने के लिए बहुत ज़रूरी है कि सभ्यताओं का विकास कैसे हुआ, क्योंकि हम जिस दुनिया में रहते हैं उस पर सवाल उठाए बिना ज्ञान का विकास नहीं हो सकता।

मैं यह भी बताना चाहती हूँ कि जिन छह महीनों के दौरान यह निबन्ध लिखा गया, मेरे लिए अत्यधिक अनिश्चितताओं भरे थे लेकिन मैंने उन्हें ख़ुद पर हावी न होने देने की पूरी कोशिश की है।

दिल्ली, सितम्बर 2020 **रोमिला थापर**

असहमति की आवाज़ें

चित्तप्रसाद
शीर्षकहीन, स्क्रैपरबोर्ड (22.9×25.4 से.मी.)
किरण नादर म्यूज़ियम ऑफ़ आर्ट, नई दिल्ली
(चित्र सौजन्य : डीएजी)

प्रस्तावना | *क्या असहमति ज़रूरी है?*

असहमति मूलत: वह विरोध है जो व्यक्ति या व्यक्तियों का कोई समूह दूसरों के प्रति या ज़्यादा खुले रूप में उन संस्थाओं के प्रति व्यक्त करता है, जो उनके जीवन को संचालित करती हैं। अति प्राचीन काल से लोग असहमत होते रहे हैं, तर्क करते रहे हैं, असहमत होने को लेकर सहमत होते रहे हैं, या अन्तत: किसी समाधान पर पहुँचते रहे हैं। यह सब जीवन का, जीने का हिस्सा रहा है। हमारे रोज़मर्रा के जीवन को प्रभावित करने वाली अधिकतर संस्थाओं का प्राय: लम्बा इतिहास रहा है; कई संस्थाओं का विकास विभिन्न तरीक़ों से हुआ है; और अब हम यह समझने लगे हैं कि ये संस्थाएँ जिस तरह काम करती हैं उस पर सवाल उठाना कोई हालिया प्रवृत्ति नहीं है, बल्कि असल में यह प्रवृत्ति सदियों पुरानी है।

हम जो सवाल उठाते हैं और आलोचनात्मक परीक्षण करते हैं या हमारे भिन्न अनुभवों को प्रकट करते हुए जो तमाम तरह के मतभेद उभरते हैं, असहमति उनका ही एक हिस्सा होती है। इसके बारे में लिखते हुए मैं दूसरे रूपों को कमतर नहीं बता रही हूँ बल्कि उन पर गहरी नज़र डालने की कोशिश कर रही हूँ जिनकी हमने अतीत और उसकी संस्कृति की रचना करते हुए उपेक्षा की, जिन्हें हमने विरासत में पाने का दावा किया और जिनका आज हम साधुवाद करते हैं। हम अभी भी अतीत को गढ़ने और प्रस्तुत करने में लगे हैं, और इसके लिए हम जिन अवधारणाओं का प्रयोग करते हैं उन्हें भी इसी तरह गढ़ा जा रहा है। उनका पता लगाने के लिए पुराने और नये सूत्रों को साथ लेकर चलना पड़ेगा। असहमति

की सम्पूर्ण जाँच के लिए हमें उन स्थितियों की जाँच करनी पड़ेगी जिनमें असहमति हिंसक अथवा अहिंसक विरोध-प्रदर्शनों में परिणत हो जाती है। मेरी मंशा है कि अहिंसक असहमति की आवाज़ों को भी प्रतीकात्मक रूप में सबको सुना सकूँ।

असहमति कोई आधुनिक अवधारणा नहीं है, लेकिन उसे विभिन्न रूपों में पहचानना एक नई बात है। ठीक वैसे ही जैसे कि एक सच्चे, उदार, लोकतांत्रिक समाज में सवाल उठाए जाने पर आपत्ति या खीज नहीं ज़ाहिर की जाती बल्कि उसे विचार-विमर्श के ज़रिए प्रोत्साहित किया जाता है, उसकी जाँच की जाती है। सवाल पूछने का अधिकार अब एक सार्वजनिक और खुला अधिकार है जिसका प्रयोग कोई भी नागरिक कर सकता है। पहले, केवल ताक़तवर लोगों को यह अधिकार हासिल था लेकिन आज यह, कम-से-कम सैद्धान्तिक रूप में, सभी नागरिकों को हासिल है। पहले इस अधिकार को लेकर बहस तो प्रायः होती थी लेकिन हमेशा वह सार्वजनिक मुद्दा नहीं बनता था, जैसा अब बन जाता है। कुछ हद तक यह हमारे ऊपर यह ज़िम्मेदारी भी डालता है कि हम असहमति के केन्द्रीय महत्त्व को मान्यता दें और उसे समझें। इन अधिकारों में यह भी निहित है कि जहाँ हम उचित समझें वहाँ असहमति व्यक्त करें। इसकी ऐतिहासिक निरन्तरता बनी रही है, चाहे रूप क्यों न बदले हों। मैं इस निरन्तरता की जाँच कुछ उदाहरणों के आधार पर करना चाहूँगी।

हरेक आधुनिक समाज में नागरिकों को अभिव्यक्ति की स्वतंत्रता के एक हिस्से के तहत, असहमति का अधिकार हासिल होना चाहिए। इस अधिकार को लेकर विवाद उभरते रहे हैं लेकिन समाजों की निरन्तरता के लिए यह बेहद महत्त्वपूर्ण है। हम चाहे जितना भी चाह लें, भारतीय समाज में—दूसरे सभी समाजों की तरह—सतत समरसता कभी नहीं रही, नगण्य या शून्य विरोधाभास उसमें रहे हैं। हमारे यहाँ भी असहिष्णुता, हिंसा, और विचारों की टकराहट रही है। असहमति की कई आवाज़ें उभरीं, और जितना हम उन्हें स्वीकार करते रहे हैं, उससे

कहीं ज़्यादा व्यापक अभिव्यक्ति उनकी अतीत में हुई है।

ऐतिहासिक दृष्टि से, सामाजिक सम्बन्ध सत्ता और सम्पत्ति (चाहे वह ज़मीन के रूप में हो या जायदाद, रीति-रिवाज़ों या ताक़तवर बनाने वाली चीज़ के रूप में) से सम्पन्न और उनसे वंचित लोगों के दो वैकल्पिक रूपों में निहित रहे हैं और आज भी हैं। इन सम्बन्धों को हम 'राजा' और 'प्रजा', सामन्त और दास, मिल मालिक और मज़दूर, उपनिवेशवादी और उपनिवेशित लोगों जैसे संयोजन के ज़रिए जानते हैं। दो सदी पहले, ज़बर्दस्त ऐतिहासिक परिवर्तन के फलस्वरूप ऐसे समाज का निर्माण हुआ जो औद्योगीकरण, पूँजीवाद, नई टेक्नोलॉजी पर मध्यवर्ग के नियंत्रण, श्रम का योगदान देने वाले श्रमिकों और पैदावार के लिए ज़िम्मेदार किसानों आदि की बात करने लगा। इस नये-समाज को जोड़ने वाले महत्त्वपूर्ण कारकों में एक था राष्ट्रवाद, या लोगों में एक राष्ट्र का नागरिक होने की भावना, यानी राष्ट्रीयता। माना गया कि इसमें निहित बड़ा बदलाव यह होगा कि नये सम्बन्ध उभरेंगे, जो समाज के कामकाज को निर्धारित करेंगे। एक राष्ट्र के कामकाज के लिए यह बहुत महत्त्वपूर्ण है कि नागरिकों के रूप में लोगों के बीच सम्बन्ध कैसा है, और उन्होंने मिलकर कैसा राज्यतंत्र निर्मित किया है। इसलिए, राज्य के बरअक्स नागरिकों के अधिकारों ने केन्द्रीय महत्त्व हासिल कर लिया है।

यह ऐतिहासिक दौर शासन के स्वरूपों में बदलाव को भी रेखांकित करता है—पहले की राजशाहियों की जगह लोकतांत्रिक देश उभरे। लोकतंत्र केवल तभी धर्मनिरपेक्ष हो सकता है जब सभी नागरिकों को समान दर्जा हासिल हो। लोकतांत्रिक संस्थाओं में समाज के सभी तबक़ों के प्रतिनिधि होते हैं, और हरेक को समान दर्जे का अधिकार मिला होता है। यह धर्मनिरपेक्ष, लोकतांत्रिक और राष्ट्रीय तत्त्वों को एकजुट करने में मदद करता है। असहमति का अधिकार, और सामाजिक न्याय की माँग को पूरा करने की ज़रूरत सच्चे लोकतंत्र की मूल अवधारणाएँ हैं। चूँकि इसमें सभी नागरिक शामिल हैं, और उनका दर्जा वैधानिक रूप

से समान है इसलिए कोई लोकतंत्र धर्मनिरपेक्ष के सिवाय कुछ और हो ही नहीं सकता।

इन व्यापक ऐतिहासिक बदलावों को आधुनिक समय का निर्माण करने वाले तत्त्वों में शामिल किया जाता है। लेकिन मैं असहमति की अधिक सामान्य विशेषताओं पर चर्चा से शुरुआत करना चाहूँगी, कि असहमति को किन शर्तों पर मान्यता दी जाती है। असहमति ज़ाहिर करने वाले ख़ुद को हमेशा असहमत घोषित नहीं करते; कभी-कभी तो उन्हें पूरी तरह पता भी नहीं होता कि वे किस हद तक असहमत हैं। असहमति को मान्यता देने का एक अधिक स्पष्ट तरीक़ा यह है कि समाज में 'दूसरे पक्ष' की उपस्थिति को रेखांकित किया जाए। इससे मान्यता देना आसान होता है और यह असहमति के बरअक्स होता है।

लेकिन इस पर लिखने से पहले मैं स्पष्ट करना चाहूँगी कि मैं उस बात से असहमत क्यों हूँ, जिसे आज उन लोगों द्वारा कहा जाता है जो वास्तव में लोकतंत्र के ख़िलाफ़ हैं लेकिन इसे खुलकर क़बूल नहीं करते। कहा जाता है कि असहमति को भारतीय समाज में पश्चिम से आयातित किया गया। ऐसा तर्क वे लोग देते हैं जो भारत के अतीत को तमाम बुराइयों से मुक्त मानते हैं, और इसलिए उन्हें असहमति की कोई ज़रूरत नहीं दिखती। इस तरह की धारणाएँ कपोल-कल्पना से उभरती हैं। पहले भी और आज भी, सभ्यताओं और 'उच्च संस्कृति' को शानदार उपलब्धियों वाली, बुराइयों से मुक्त, और उन सबके लिए सर्वमान्य बताया गया है जिन्होंने उसके निर्माण में योगदान दिया।

कहा जाता है कि सभ्यता दुर्लभ परिष्कार का वह क्षण है जब कोई समाज कुछ सदियों तक विकासशील संरचनाओं के मार्गदर्शन में विशेष मार्गों पर चलते हुए अपनी उपलब्धियों के शिखर को भी पार कर जाता है। माना गया है कि प्रभावशाली संस्कृति, जो सभ्यता की प्रतीक होती है, वह पिछली संस्कृतियों से श्रेष्ठ होती है। इस दावे के अनुसार समरसता और कम टकरावों वाले दौर में इस संस्कृति को विचारों और सामाजिक

गतिविधियों के दायरे में भी सब स्वीकार करते हैं। एक ख़ास सभ्यता की विशेषताएँ उस भूमि पर केन्द्रित होती हैं जिसमें उसकी जड़ें होती हैं, यानी एकमात्र प्रभुत्व वाली भाषा, जिसमें उसका सर्वश्रेष्ठ साहित्य और चिन्तन दर्ज होता है, एक धर्म जिससे उसे पहचान मिलती है, और उन विधानों में जो उसके क्रियाकलापों को एक ढाँचा प्रदान करते हैं। 19वीं और 20वीं सदी के पूर्वार्द्ध ने विश्व की विभिन्न सभ्यताओं की यही सुखद तस्वीर गढ़ी थी।

लेकिन कुछ लोगों ने संकेत किया कि यह पूरी तरह से सही तसवीर नहीं है। आदर्श सभ्यताओं के अस्तित्व को स्वीकार करते हुए लिखा कि चुनौतियाँ तथा प्रतिक्रिया वे साँचे थे जिन्होंने सभ्यताओं का निर्माण किया और उन्हें टिकाए रखा। दूसरे लोगों ने लिखा कि सभ्यताओं का उत्थान और पतन इतिहास के अपरिहार्य चक्र का हिस्सा था। यह असहमति और मतभेद जैसा नहीं था लेकिन उसकी झलक उसमें थी। कुछ अन्य लोगों ने यह भी सुझाया कि जब कोई संस्कृति उस शिखर को छू लेती है जिसे उसकी सांस्कृतिक अभिव्यक्ति का सर्वोच्च शिखर कहा जा सकता है, तभी उसकी नींव मानी गईं विशेषताओं के बारे में दूसरे विचार उभरते हैं। ये दूसरे विचार पहले से मौजूद विचार के अप्रत्यक्ष पूरक का रूप ले सकते हैं या उस पर सवाल उठा सकते हैं, और सवाल उठाने वाले विचार अक्सर मौजूद परम्पराओं से मतभेद या असहमति का रूप लेते हैं। संस्कृति की कोई चाहे जो भी परिभाषा दे, उसके मूल को गहराई से समझने के लिए यह मानना बेहद अहम है कि उसके भीतर 'दूसरे पक्ष' के विचार के रूप में असहमति के तत्त्व भी मौजूद हैं।

इस तथ्य पर इतिहासकारों का मत है कि आधुनिक काल में भारत को बेशक ब्रिटेन का एक उपनिवेश बताया गया हो या उसकी स्थिति मात्र एक उपनिवेश की रही हो, लेकिन अतीत में उसके पास सभी ज़रूरी विशेषताओं से सम्पन्न एक समूची सभ्यता थी। इससे सम्बन्धित सबसे महत्त्वपूर्ण दौर को अक्सर गुप्त काल और उसके ठीक बाद के समय के रूप में रेखांकित किया जाता है। भारतीय सभ्यता को शान्तिप्रिय और

अहिंसक लोगों का एक ऐसा अनूठा समाज बताया जाता है, जो सबके प्रति सहिष्णु और सर्वोच्च आदर्शों के प्रति समर्पित था। असहमति की आवाज़ों का उल्लेख कम ही मिलता है। फिर भी, भारत के अतीत में कई मौक़े ऐसे भी आए जब हमें मान लेना चाहिए कि अन्य स्थानों की तरह यहाँ भी कुछ हिंसा व असहिष्णुता रही होगी जिसके लिए अहिंसा और सहिष्णुता बरतने की अपील की गई। बेशक दुनिया-भर के राष्ट्रवादी अपनी-अपनी मातृभूमियों के सामान्य अतीत की ऐसी भी एक छवि सँजोए रहते हैं जिसके बारे में कोई विशेष समुदाय दावा करता है कि वह उसकी संस्कृति को परिभाषित करती है (जैसे अफ्रीकी संस्कृति की विरासत की अवधारणा को लेकर दावा जिसने अफ्रीकी राष्ट्रवाद को दिशा दी)।

महत्त्वपूर्ण बात यह है कि जिस ज्ञान के आधार पर कोई सभ्यता अस्तित्व में आती है उस ज्ञान को बार-बार चुनौती मिलती है। पारम्परिक और रूढ़िवादी चीज़ों पर सवाल उठाए जाते हैं, और विविध विचारों का विमर्श शुरू होता है। यह उस समय बिलकुल साफ़ हो जाता है जब 'स्वर्णयुग' की विभिन्न चिन्तन-पद्धतियों को उस काल की सभ्यता की विभिन्न उपलब्धियों के बरअक्स रखकर देखा जाता है। इस काल को उत्कृष्टता (Classicism) का काल भी कहा जा सकता है। लेकिन 'क्लासिसिज़्म' कोई आविष्कार नहीं है; बल्कि यह उस प्रक्रिया की परिणति है, जो प्राय: पूर्ववर्ती युग में शुरू होती है लेकिन जिसके परिणाम उस काल में प्रकट होते हैं जिसे 'क्लासिकल' कहा जाता है। यह अन्य कालों और भिन्न सन्दर्भों में पूरी तरह अनुपस्थित नहीं रहता; बस एक विशेष काल में उभरकर सामने आ जाता है या ज़्यादा प्रमुखता से उभारा जाता है। आप पूछ सकते हैं कि क्या सत्ता में बैठे लोगों और उनसे असहमत लोगों के बीच संवाद ऐसे काल की विशेषता होती है? निश्चित रूप से, ज्ञान के विकास और जिसे सभ्यता की नींव कहा जा सकता है उसे आधार प्रदान करने के लिए इसी की ज़रूरत होती है।

इसलिए मैं असहमति की अभिव्यक्ति, जो कि सभी समाजों के

लिए बेहद ज़रूरी है, वाले पहलू पर नज़र डालूँगी और एडवर्ड सईद के शब्दों से संकेत लेते हुए भारतीय इतिहास के अनुभव के लिहाज़ से इस पर विभिन्न कालों और सन्दर्भों के परिप्रेक्ष्य में विचार करना चाहूँगी कि भारतीय समाज में, 'दूसरा पक्ष' 'स्थापित' समाज या 'स्व' की तुलना में अपनी मौजूदगी किस तरह दर्ज करता है? हमें दुनिया पर नज़र डालते हुए 'दूसरे पक्ष' के दृष्टिकोण के बारे में भी जानना चाहिए। मैं इसे आपस में गुम्फित विषयों का एक समूह मानूँगी—पहला, जिसे हमने 'दूसरा पक्ष' कहना शुरू किया है उसे मान्यता देना; और दूसरा, इस 'दूसरे पक्ष' का 'स्थापित' समाज या धर्म से सामना, इस विलय को मैं 'स्व' कहती हूँ। ऐसा इसलिए, क्योंकि यह उस समाज में विशेष स्थान रखता है जिसे करने का दावा करता है। स्वाभाविक है कि इस मुखामुखम में अनन्त तरह की गतिविधियाँ शामिल हैं लेकिन मैं कुछ ही उदाहरण लूँगी, जो धर्म और समाज के अन्तःसम्बन्धों, और 'स्व' तथा 'दूसरे पक्ष' के बीच के विस्तृत सम्बन्धों से जुड़े हैं।

मैं जिसे 'दूसरा पक्ष' मानती हूँ उसकी व्याख्या ज़रूरी है। सरल शब्दों में कहें, तो यह एक व्यक्ति या व्यक्तियों का समूह है, जो ख़ुद को भिन्न या अलग तरह से पहचाने जाने की घोषणा करता है क्योंकि वह 'स्व' के कुछ विचारों पर सवाल उठाता है। 'दूसरा' या 'दूसरे पक्ष' 'स्व' से अलग होते हैं। इस भिन्नता का स्तर अलग-अलग होता है, यह भिन्नता की क्षणिक पहचान के रूप में हो सकता है या इसे सचेत अस्वीकार के रूप में व्यक्त किया जा सकता है।

मतभेद चाहे कितना बड़ा क्यों न हो, यह मानना ही होगा कि 'दूसरा पक्ष' हरेक समाज में मौजूद है। इससे 'स्व' की पहचान को परिभाषित करने में भी मदद मिलती है। 'स्व' की तरह 'दूसरे पक्ष' के भी कई पहलू हैं। दूसरे शब्दों में, 'स्व' की तरह 'दूसरा पक्ष' भी विपरीत रूप से यह दर्शाता है कि क्या विरोध है और क्यों, और वो जिन्हें हम मूलतः अलग रूप में देखते हैं, अक्सर हमारी अपने-आप को व्यक्तिगत और

सामाजिक, दोनों रूपों में परिभाषित करने में मदद करते हैं।

लोगों को 'दूसरे पक्ष' के रूप में पहचानने से कई मक़सद सध सकते हैं : समाज के एक वर्ग को हाशिए पर डाला जा सकता है, उसे एक बस्ती में सीमित किया जा सकता है, या उसका निष्कासन भी किया जा सकता है। आज के समय में दुनिया-भर में कई समूह नागरिकता से वंचित किये जाने या देश से निकाल दिये जाने के कारण शरणार्थी बन गए। अतीत में, नागरिकों के इन अधिकारों का अस्तित्व नहीं था लेकिन आज दावा किया जाता है कि वे हमारे समाजों के कामकाज के लिए ज़रूरी हैं। ऐसा नहीं है कि लोगों को 'दूसरा पक्ष' मानने की प्रवृत्ति अतीत में पूरी तरह अनजानी बात थी और ऐसा अक्सर ऐतिहासिक रूप से नई संस्कृतियों और सभ्यतागत आयामों के उद्‌भव के कारण होता था। इतिहासकार मानते हैं कि जिन्हें हम सभ्यताएँ कहते हैं वे झरझरी थीं और अनेकानेक लड़ियों से मिलकर बनी थीं। ये लड़ियाँ संस्कृतियों के भीतर स्थानीय विपथगामी संस्कृतियों की या नये उद्‌भवों की होती थीं; इसी तरह कई बार वे प्रवासियों के साथ आई हुई भी होतीं, और कुछ हद तक क्षेत्र के उन लोगों के कारण भी उभरतीं जो बसने के लिए दूसरी जगह चले जाते हैं और इस तरह एक विस्तार को जन्म देते हैं या कुछ परिस्थितियों में उपनिवेश की स्थापना तक करते हैं। कुलीन और ग़ैर-कुलीन समाजों के बीच सामाजिक दूरी सामाजिक तत्त्वों के विभाजन के विभिन्न तरीक़ों के ज़रिए बनाई जाती है, लेकिन कभी-कभी विचार ऊपर की ओर उठते हैं तो कभी नीचे की ओर रिसते हैं यानी कभी-कभी कुलीन वर्ग अपने विचारों द्वारा व्यापक समाज को प्रभावित करता है और कभी-कभी ग़ैर-कुलीन वर्ग स्थापित मानदंडों को चुनौती देते हुए नये तरीक़े पेश करके कुलीन वर्ग पर प्रभाव डालता है। इससे मौजूदा संस्कृतियों में परिवर्तन होता है या नई संस्कृतियाँ उभरती हैं। इस तरह, 'स्व' और 'दूसरे पक्ष' की पहचान भी बदल सकती है। लेकिन दोहरी उपस्थिति अप्रत्यक्ष हो या दूसरे रूप में, हरेक समाज में मान्य की जाती है।

तब, यह कौन तय करता है कि 'दूसरापन' किसे माना जाएगा? आम तौर पर, सत्ता में बैठे लोग ख़ुद को स्थापित 'स्व' के तौर पर देखते हैं, और वे ही 'दूसरे पक्ष' के बरअक्स 'स्व' की द्विध्रुवीय पहचान तय करतें हैं। सामान्यतः 'स्व' पर सवाल खड़ा करने वाले को ही 'दूसरे पक्ष' के रूप में वर्णित किया जाता है। यह द्विध्रुवीयता 'दूसरेपन' को तय करती है, तथा हैसियत और सत्ता को ठोस रूप देने में मदद करती है, और उनको दरकिनार करती है जिनके साथ दोनों में से कोई नहीं जुड़ा होता। इसका सहारा अधिकांश समाजों में लिया जाता है। लेकिन ये स्थायी ठप्पे नहीं हैं, और समय के साथ 'स्व' तथा 'दूसरे पक्ष' के बीच के सम्बन्ध बदल सकते हैं और वे दूरस्थ से निकटस्थ की ओर जा सकते हैं या इससे उलटा भी हो सकता है। पिछली दो सदियों से, सामाजिक कामकाज के सिद्धान्तों में 'दूसरे पक्ष' को मान्यता देने की बात समाहित की जाती रही है। इसके बारे में समझ भारतीय सभ्यता की उपनिवेशवादी व्याख्याओं के साथ बदली, और अब उत्तर-उपनिवेश काल के परिप्रेक्ष्य में यह फिर बदल रही है। इसलिए, इन दोनों के सम्बन्ध पर ध्यान देते हुए ऐतिहासिक सन्दर्भ की अनदेखी नहीं की जा सकती है।

सिर्फ़ अलग-अलग भौगोलिक क्षेत्रों और संस्कृतियों के लोगों को ही 'दूसरे पक्ष' के रूप में नहीं देखा जाता। ज़्यादातर और आश्चर्यजनक रूप से 'दूसरा पक्ष' एक ही समाज के अन्दर उभरता है। चूँकि तमाम समाज सामाजिक तथा सांस्कृतिक स्तरों पर बँटे होते हैं, इसलिए उनमें विचलन होता है, जो पर्यावरण और स्थान, अर्थव्यवस्था और तकनीक, नातेदारी और उत्तराधिकार की व्यवस्थाओं, आस्था तथा उपासना की अवधारणाओं, और कुछ मामलों में शारीरिक भिन्नताओं के कारण पैदा होता है। इसलिए, जिन्हें हम संस्कृति के तत्त्व कहते हैं वे रहन-सहन के तरीक़ों के रूप में भी परिभाषित होते हैं।

इन अन्तरों के कारण 'दूसरे पक्ष' का अस्तित्व अपरिहार्य था और आज भी है। ऐतिहासिक रूप से यह देखना ज़्यादा महत्त्वपूर्ण है कि इन

भिन्नताओं ने 'स्व' के साथ-साथ 'दूसरे पक्ष' को भी किस तरह रूपायित किया है। उनके बीच का सम्बन्ध स्वभावत: शत्रुतापूर्ण नहीं था; हो सकता है कि व्यवहार में कभी-कभार ऐसा होता हो या वे एक-दूसरे को स्वीकार न कर पाते हों। हालाँकि जहाँ कहीं भी स्पर्धा होगी, ताक़तवर द्वारा कमज़ोर को 'दूसरा' मानकर भेदभाव किया जाता रहेगा।

'दूसरे पक्ष' की मौजूदगी को सदियों पहले के समाजों में भी स्वीकार किया गया था, ख़ासकर उन समाजों में जिनमें ज्ञान की खोज हो रही थी। कभी वह ओझा या तांत्रिक जैसे रहस्यमय व्यक्ति के रूप में उपस्थित था, जो समाज का सदस्य भी था और बाहरी भी था। उसका दावा था कि उसके पास अव्याख्येय, अज्ञात 'यथार्थ' का ज्ञान है। कुछ लोगों ने इस दावे को स्वीकार किया, तो कुछ ने इस पर सन्देह किया।

इसके अतिरिक्त दूसरे ऐसे सूक्ष्म लेकिन ज़्यादा सुबोध तरीक़े भी थे जिनके ज़रिए 'दूसरे पक्ष' की मौजूदगी को स्वीकार किया गया था। एक तरीक़ा बहस का था, जो हम सब करते हैं। यह वह प्रक्रिया है जिससे हरेक दार्शनिक परम्परा परिचित दिखती है, जो द्वंद्वात्मक तरीक़े से मिलती-जुलती चीज़ की ओर इशारा करता है। इसमें विरोधी का दृष्टिकोण प्रस्तुत किया जाता है; और फिर प्रस्तावक द्वारा इसका प्रतिवाद किया जाता है। इस विरोधाभास से समाधान निकल सकता है या नहीं भी निकल सकता है। इस प्रक्रिया से हम भारतीय दार्शनिक तर्क-पद्धति के 'पूर्वपक्ष', 'प्रतिपक्ष' और 'सिद्धान्त' के रूप में परिचित हैं। चिन्तन की दूसरी धाराओं, मसलन जैन परम्परा में, हरेक को सूक्ष्म से सूक्ष्मतर विविधताओं में वर्गीकृत किया जाता है, जो 'स्व' और 'दूसरे पक्ष' के दृष्टिकोणों के इर्द-गिर्द चक्कर लगाते रहते हैं।

बहस के इस ढाँचे के कई सूक्ष्म उपयोग भी हैं। विरोधी विचार को प्रस्तुत करना इस संकेत का साधन भी हो सकता है कि प्रतिवादी तर्क क्या है और इसे प्रस्तुत किये जाने की सम्भावना क्या है—हमेशा इस तर्क को परे करने की ज़रूरत नहीं है। अगर 'पूर्वपक्ष' के उदाहरण इकट्ठा किये

जा सकें तो हमें असहमत विचारों का बेहतर अन्दाज़ा मिलेगा। लेकिन ज्ञान हमेशा स्थिर और निश्चित नहीं रह सकता, क्योंकि नये प्रमाण और अन्वेषण के तरीक़ों से अन्ततः उसमें अदला-बदला होती है। इसलिए, निरन्तर प्रश्न उठाना एक ज़रूरत थी और आज भी है। ज्ञान में, प्रभावशाली प्रगति के कारण जिसे नव-विज्ञान कहा जा सकता है, और दर्शनशास्त्र में भी—अतीत में कहीं ज़्यादा प्रबल और सार्थक प्रश्न पूछे गए।

बौद्ध ग्रन्थों में 'विवाद' या प्रतिवाद का उल्लेख है, जो व्यक्तित्व की कमज़ोरियों, जैसे स्वार्थपरता, क्रोध, ईर्ष्या, सांसारिकता और बुरी भावना के कारण उभर सकता है। लेकिन एक अधिक ग्राह्य अंश कहता है कि यह बुद्ध की शिक्षाओं 'धम्म' और 'विनय' की समझ के अभाव में जन्म लेता है। सामान्यतः इसका अर्थ नियमों का पालन न करना हो सकता है; अधिक गहरे स्तर पर इसका अर्थ प्रश्नांकित करना या प्रतिवाद करना हो सकता है। दर्शन के सन्दर्भ में प्रतिवाद के अभाव की सम्भावना नहीं होती है, उसमें यह माना जाता है कि हम जिस संसार में रहते हैं उस पर भी सवाल उठाया जा सकता है।

प्राचीन विश्व के दूसरे हिस्से में, सुकरात का तरीक़ा भी इसी तरह की प्रक्रियाओं का संकेत देता है। ज्ञान में मत और तर्क शामिल होते हैं, और वह विकल्पों के बारे में सचेत करता है। यह सत्य तक पहुँचने के लिए विरोधाभासों की जाँच करने और विवेक के प्रयोग करने की ओर ले जाता है। मध्ययुगीन दार्शनिक एक्विनास ने जो तरीक़ा सुझाया है उसमें भी इसके संकेत मिलते हैं। मूल प्रश्न को समर्थक और विरोधी तर्कों की कसौटी से गुज़रना होता है, ताकि जवाब देने से पहले सवाल पर पूरी तरह पुनर्विचार हो सके। आधुनिक काल में, दार्शनिकों ने व्यवस्था को कुछ बदल दिया और 'वाद' तथा इसके बाद 'प्रतिवाद' की बात की, जिनका फल सम्भवतः 'संवाद' के रूप में मिलता है। इससे हम द्वंद्वात्मक पद्धति के रूप में परिचित हो चुके हैं।

व्यक्ति या विरोधी विचार के रूप में 'दूसरे पक्ष' की उपस्थिति

किसी भी जीवन्त और विचारशील समाज के लिए सामान्य बात है। 'दूसरे पक्ष' को तर्क और विमर्श के ज़रिए समायोजित किया जा सकता है, और अगर कोई समाधान न निकल रहा हो तो कम-से-कम सहअस्तित्व के लिए एक समझौता तो हो ही सकता है। इन दिनों हम 'दूसरे पक्ष' के प्रति असहिष्णु हो रहे हैं और हिंसक संघर्ष को मंज़ूर कर रहे हैं। हमारा अधैर्य हमारे ऊपर कई तरह से हावी रहता है, और अक्सर धार्मिक व सामाजिक पहचानों के बीच टकराव के रूप में उभरता है। फ़िलहाल, भारत में इसे केवल सामाजिक और धार्मिक मामलों में ही नहीं बल्कि राजनीति में भी स्पष्ट रूप से देखा और सुना जा रहा है।

मैं यह भी स्पष्ट करना चाहती हूँ कि हममें से कुछ इतिहासकार समाज और धर्म के मेल को किस तरह विश्लेषित करते हैं। इस पर विचार करना महत्त्वपूर्ण है, क्योंकि दुनिया-भर में हमारे समाजों और धर्मों के स्वरूप कभी आकस्मिक नहीं रहे। उन्हें सजगता से चुना गया, इसलिए वे विश्लेषण के विषय हैं, और हमें यह समझना चाहिए कि हमने ये चुनाव क्यों किये।

धर्म अनौपचारिक और औपचारिक, दो स्तरों पर अभिव्यक्त होता है—अनौपचारिक धर्म के मूल में व्यक्ति की पसन्द होती है कि वह किसकी उपासना करेगा और क्यों करेगा। यह अपेक्षाकृत स्वतंत्र और निजी पसन्द है। मैं 'पूर्णतः' नहीं, 'अपेक्षाकृत' कह रही हूँ क्योंकि हमारे लिए यह फ़ैसला अधिकतर धार्मिक तथा सामाजिक पहचान के बीच की कड़ी के ज़रिए होता है। व्यक्ति जिस जाति और पन्थ वाले परिवार में पैदा होता है, वही उसकी धार्मिक या कम-से-कम प्रारम्भिक पहचान तय करते हैं।

जब किसी आस्था और अनुष्ठान को मानने वाले लोग एकजुट होते हैं या अपनी पहचान उससे जोड़ लेते हैं तब धार्मिक विचार एक पन्थ का रूप ले लेता है और तभी सामाजिक जटिलताएँ उभरने लगती हैं। पन्थ के संस्थापकों को 'धर्मशास्त्रों' और 'शरीयत' के सन्दर्भ के साथ उसकी पहचान परिभाषित करने के लिए आस्थाओं और सामाजिक

रीति-रिवाज़ों की संहिता लागू करनी पड़ती है। क्या पन्थ का उद्देश्य ऐसी संहिताओं का समर्थन करना या उन्हें चुनौती देना होता है? सफल धर्म समाज में ऐसी संस्थाएँ स्थापित करता है जो उसे ताक़त प्रदान करती हैं और उसके समर्थकों की संख्या बढ़ाती हैं। अधिक प्रत्यक्ष संस्थाएँ पंडितों और साधुओं को तैयार करती हैं, नियम-क़ानून तय करती हैं, उपासना-स्थलों को सँभालती हैं, दान-चन्दे जुटाती हैं, सुनिश्चित संरक्षण की खोज करती हैं, औपचारिक अनुष्ठानों का पालन करवाती हैं, ग्रन्थों की देखभाल करती हैं, और रूढ़िवाद के ठोस रूप को प्रोत्साहित करती हैं। अन्ततः यह धर्म और इसके द्वारा खड़ी की जाने वाली संस्थाओं का आधार बनती हैं, और समाज द्वारा स्वीकृत की जाती हैं।

ऐसी स्थिति में धर्म को निजी अनुभव से जोड़कर कम, और सामाजिक अनुभव या कि समुदाय की सम्बद्धता से जोड़कर अधिक देखा जाने लगता है। निजी आस्था सामाजिक सहमति के लिए रास्ता बनाती है, और अन्ततः लगभग प्रश्नरहित समर्थन की माँग करती है। इस मुक़ाम पर निजी आकांक्षाओं और सामाजिक ज़रूरतों के बीच कुछ मतभेद उभर सकता है, और यह मौक़ा उन लोगों के द्वारा शुरुआती असहमति ज़ाहिर करने के लिए उपयुक्त हो सकता है, जो परिवर्तन को स्वीकार नहीं करते। यह सभी औपचारिक धर्मों और व्यापक धार्मिक सम्प्रदायों के जीवन में चलने वाली सतत प्रक्रिया है।

तमाम धर्म कई चरणों से गुज़रते हैं, जिनमें नाम में कुछ परिवर्तन या उनके अन्दर होने वाले कुछ सुधार शामिल हैं। देखने वाले इसे एक बीतते हुए सुचारु इतिहास के रूप में देख सकते हैं जिसमें कभी-कभार कुछ अड़चनें पैदा होती हैं। वास्तव में, होनेवाला परिवर्तन उस ऐतिहासिक सन्दर्भ से तय होता है, जो सूक्ष्म से प्रत्यक्ष में परिवर्तित होने की प्रक्रिया को दर्ज करता है। मूल शिक्षा, जिसे मानव के अस्तित्व की व्याख्या से प्रेरणा मिलती है, असहमति के प्रति प्रतिक्रिया से या दूसरे धर्मों से समीपता के ज़रिए होने वाले परासरण से विकसित हो सकती है।

ऐतिहासिक रूप से प्रामाणिक संस्थापक द्वारा स्थापित धर्म का एक ऐतिहासिक विकास-पथ होता है जिसकी शुरुआत संस्थापक द्वारा दी गई सीखों से होती है और वह विभिन्न चरणों से गुज़रता है, लेकिन एक निर्धारक हेतुवाद के साथ, उसमें कुछ मामूली अन्तर आ सकता है। विभिन्न आस्थाओं और उपासना-पद्धतियों के मेल से अस्तित्व में आए दूसरी तरह के धर्मों में ऐसे क्षण आते हैं जब उनके विकास-पथ की खोज की जाती है। ऐसी खोजों से कई तरह के पन्थों का जन्म होता है। जिस पन्थ को पर्याप्त सामाजिक तथा राजनीतिक समर्थन हासिल होता है, वह समुदाय के प्रतिनिधित्व का दावा कर सकता है। लेकिन असल में, यह उसके उद्भव के ऐतिहासिक सन्दर्भ पर निर्भर करता है।

नये धर्मों की शुरुआत अनौपचारिक क़िस्म की होती है, और वे बढ़ते समर्थन के साथ औपचारिक आयाम ग्रहण करते हैं तथा अपने विचारों के प्रचार और समाज तथा भौगोलिक क्षेत्र में अपनी मौजूदगी जताने के लिए संस्थाओं की स्थापना करते हैं। तभी हम ऐसे भवनों—विहार, चैत्य, स्तूप, मन्दिर, आश्रम, मठ, मस्जिद, मदरसे, ख़ानक़ाह, चर्च, कॉनवेंट, गुरुद्वारा आदि—को बनते देखते हैं जिनके साथ धर्म का संस्थागत रूप सामने आता है। संस्थाएँ धर्म और उस समाज के सम्बन्ध को बदल देती हैं, जिसके भीतर उनका अस्तित्व होता है, और पहले से मौजूद अनौपचारिक धर्म के लचीलेपन को कमज़ोर करती हैं। समाज पर धर्म के प्रभाव का अन्दाज़ा लगाने में इन संस्थाओं की निर्णायक भूमिका होती है।

जब धर्म को समाज में नई भूमिका निभानी होती है तब उसका स्वरूप बदल भी सकता है। जब ऐसा होता है तो वह इस बात का संकेत होता है कि वह धर्म केवल निजी आस्था और उपासना तक सीमित नहीं है। वह सामाजिक-राजनीतिक नीतियों के साथ जुड़ी एक ताक़तवर एजेंसी है, जो अब सार्वजनिक दायरे में है। इस स्थिति में धर्म और समाज के बीच का अन्तःसम्बन्ध काफ़ी जटिल हो जाता है।

जब आस्था और सामाजिक व्यवहार के नियम स्थापित हो जाते हैं

और रूढ़िवादिता अस्तित्व में आ जाती है, तो असहमति की सम्भावना बढ़ जाती है, और कुछ की नज़र में कभी-कभी यह एक ज़रूरत होती है। हरेक औपचारिक धर्म और प्रबुद्ध समाज को असहमत लोगों का सामना करना पड़ता है। जब रूढ़िवादिता असहमति को दबाने की कोशिश करती है तब वह रूढ़िवादिता को और आगे बढ़ाती है। 'दूसरा पक्ष' रूढ़िवादिता से मतभेद रखता है, इसी मतभेद से उसकी अपनी औपचारिक आस्था और संगठन उपजते हैं। तब, रूढ़िवादिता के सामने एक ही विकल्प होता है—असहमत विचारों के समर्थकों को समाज के भीतर ही शत्रु मानकर बहिष्कृत किया जा सकता है या उनका विरोध किया जा सकता है; या उनकी असहमति को तमाम पन्थों में से एक मानकर कमज़ोर किया जा सकता है; या फिर, असहमति को इस तरह धीरे-धीरे समाहित कर लिया जाए कि वह अपनी पहचान गँवा दे। औपनिवेशिक काल तक, भारत में जो धर्म प्रचलित थे उनमें इस 'दूसरेपन' की ओर भारी झुकाव था। इसने ऐसे पन्थों का स्वरूप ग्रहण किया, जो समाज के सीमित कुलीन तबक़े की बजाय बड़ी संख्या में लोगों को सम्बोधित थे। इसलिए, समाज और धर्म का आपस में रू-ब-रू होना मुख्य बात रही।

ऐतिहासिक परिवर्तनों के कारण इन सम्बन्धों में परिवर्तन हो सकता है, और कुछ अपवादों में इसका उलटा भी हो सकता है। हमें यह भी ध्यान में रखना चाहिए कि संस्कृतियाँ—जिनसे मेरा आशय जीवन-पद्धति से है—कभी भी समरूप, मिश्रणमुक्त या स्थिर नहीं होतीं। पूरे इतिहास में कोई भी संस्कृति ऐसी नहीं है जो सदा मौलिक और शुद्ध बनी रही हो। हरेक संस्कृति या तो अपने विकास की गति के कारण या नये तत्त्वों के प्रवेश के कारण अपना स्वरूप बदलती है। इसी वजह से रूढ़िवाद और ग़ैर-रूढ़िवाद के बीच के सम्बन्ध बदल सकते हैं और ऐतिहासिक बदलाव के प्रति संवेदनशील भी हो सकते हैं। एक धर्म अनेक जड़ों और अनेकानेक शाखाओं में बँटा होता है, और यही उसका अमरत्व सुनिश्चित करता है।

ऐतिहासिक परिवर्तन इन सम्बन्धों को बदल सकता है। धर्म और समाज का इतिहास कभी स्थिर नहीं होता। भारत में लोग व्यापक तौर पर जिन धर्मों का पालन करते रहे हैं वे कुछ कुलीन तबक़ों को छोड़कर पूरे उप-महाद्वीप में अखंड या समरूप नहीं रहे। औपनिवेशिक काल से पहले, धार्मिक पहचान प्रायः पन्थों के द्वारा व्यक्त की जाती थी या फिर किसी विशाल जाति या जाति-मुक्त पन्थों पर आधारित होती थी। ये कुलीन तबक़े से ज़्यादा, विशेष सामाजिक वर्गों और प्रायः व्यापक समुदाय की ओर उन्मुख होती थी। इसीलिए यह जानना बेहद ज़रूरी है कि कोई पन्थ समाज के किस तबक़े की ओर उन्मुख है।

ये बातें एक सामान्य प्रस्तावना के तहत हैं। अब मैं अपने उदाहरणों पर आती हूँ। लेकिन ऐसा करने से पहले, मैं यह बता दूँ कि मेरे उदाहरण धर्मों से सम्बद्ध असहमति के रूपों से क्यों आते हैं। पूर्व-आधुनिक काल में भारत में चर्चा के लिए जो सार्वजनिक मंच उपलब्ध थे वहाँ अक्सर प्रचलित धर्मों के विभिन्न पहलुओं पर चर्चा होती थी। हालाँकि इसे सभी चीज़ों में धार्मिक विचारों की प्रधानता के लिए ज़िम्मेदार नहीं ठहराया जा सकता, क्योंकि धर्म एक व्यापक मुहावरा है जिसके माध्यम से बहुत से अन्य मुद्दों पर भी चर्चा की जाती थी, जैसे कि सामाजिक स्थिति का श्रेय, राजनीतिक प्राधिकार का वैधीकरण और आर्थिक सम्पत्तियों पर नियंत्रण। पहले के समय में, कुछ धर्म समाज के कामकाज के लिए सटीक विश्वासों और कार्यों को जोड़ देते थे, जैसे कि जाति को धार्मिक अनुष्ठान से जोड़ना। पूर्व-आधुनिक समाजों में, शक्ति का दावा, और वस्तुतः शक्ति का प्रश्न भी, अक्सर धार्मिक विचारों के माध्यम से व्यक्त किया गया है। कई स्तरों पर ये सत्ता की एजेंसियाँ हैं।

कुछ लोगों ने तर्क दिया है कि हिन्दू धर्म के इतिहास में कोई भी असहमत समूह नहीं था, क्योंकि यह एक सहिष्णु धर्म था और सभी दृष्टिकोणों को स्वीकार करता था। लेकिन तथ्य यह है कि असहमत विचारों की मौजूदगी वहाँ भी थी जो विरोध का संकेत देते हैं, और धार्मिक

टकराव के सबूत भी निश्चित तौर पर हैं। मैंने तर्क दिया है कि भारत में धार्मिक निष्ठाएँ आम तौर पर असंख्य धार्मिक सम्प्रदायों पर अधिक निर्भर करती हैं, जिनमें से कुछ का अधिक स्थापित धर्मों से बहुत कमज़ोर सम्बन्ध है। तात्कालिक पहचान अक्सर सम्प्रदायों की होती थी। सम्प्रदायों के बीच चल रहे सम्बन्धों को देखकर सहिष्णुता को बेहतर ढंग से मापा जा सकता है। सभी धर्मों के भीतर सांयोगिक और कभी-कभी अधिक गम्भीर असहमति के प्रमाण मौजूद हैं।

जहाँ धर्म जातिगत मतभेदों के साथ अपने सम्बन्धों के माध्यम से सामाजिक स्थिति और सामाजिक पहचान से निकटता से जुड़ा हुआ है—और ये नाममात्र के मतभेदों के साथ सभी मुख्य भारतीय धर्मों में प्रचलित थे—जातिगत स्थिति वालों ('वर्ण') और इससे वंचित ('अवर्ण') लोगों के बीच के बुनियादी सम्बन्ध अन्य प्रश्न भी उठाते हैं। क्या कोई धर्म दोहरे मानदंड अपना रहा है, अगर वह अपनी शिक्षा में हर इनसान के बराबर होने की बात करता है किन्तु व्यवहार में भेदभाव करता है? धार्मिक आदर्श और सामाजिक वास्तविकता की कार्यप्रणाली को परस्पर जोड़ना समस्या पैदा कर सकता है। अधिकांश धर्मों में ऐसा ही है, कुछ में नैतिक प्रश्न उठाया जाता है जो अनुत्तरित ही रहता है।

मेरा ध्यान उन विचारों की खोजबीन पर नहीं है जो असहमति के निर्माण के कारक रहे हैं। इनका अध्ययन उपमहाद्वीप के विभिन्न धर्मों के दार्शनिक परिप्रेक्ष्य में किया गया है। मेरा प्रयास यह समझने का है कि क्यों एक ख़ास तरह के 'दूसरे पक्ष' को अतीत और आधुनिक समय में जनता से इतनी त्वरित और पर्याप्त प्रतिक्रिया मिली। इस प्रतिक्रिया की वजह आगे विचारणीय है। इन 'दूसरे पक्षों' की असहमति की आवाज़ों को पहचाना गया और कभी-कभार समर्थन भी दिया गया। ये हमें भारतीय संस्कृतियों में असहमति की भूमिका के बारे में और अधिक बता सकते हैं, एक ऐसी भूमिका जिसे या तो हम ख़ारिज कर देते हैं या कम महत्त्व देते हैं।

शुरुआत में मैं पूर्व-आधुनिक इतिहास से तीन उदाहरण ले रही हूँ, और यह टिप्पणी कर रही हूँ कि हरेक उदाहरण में 'दूसरे पक्ष' को किस तरह देखा गया और असहमति को किस तरह व्यक्त और दर्ज किया गया। स्थान और काल के मामले में मैं उत्तर भारत तक सीमित रहूँगी, जिसके इतिहास से मैं ज़्यादा परिचित हूँ और मेरे तीनों उदाहरण तीन अलग-अलग सहस्राब्दियों से लिये गए हैं। मैंने ये उदाहरण धर्म के सन्दर्भ में लिये हैं, उसके व्यापक अर्थों में, क्योंकि धर्म को जब विचारधारा के तौर पर लिया जाता है तो वह समर्थकों को एक सामाजिक पद्धति का पालन करने को प्रेरित करता है। धर्म और समाज के बीच जब रब्त-ज़ब्त होती है तो दोनों में चमक पैदा होती है। इसके बाद मैं पिछले स्वरूपों के सन्दर्भ में आधुनिक स्वरूप पर चर्चा करूँगी। इनसे अतीत के बारे में हमारी (उन्मादी वर्तमान के रूप में) धारणाओं का खुलासा होगा। हम उस अन्त:क्रिया पर भी नज़र डालेंगे, जो पहले कभी अस्तित्व में थी।

1. *दास्यः पुत्रः ब्राह्मण या दासी-पुत्र ब्राह्मण*

'दूसरे पक्ष' का मेरा पहला उदाहरण ई.पू. द्वितीय सहस्राब्दी से वैदिक काल तक का है। यह 'दूसरे पक्ष' का वह उदाहरण है, जो भिन्न संस्कृति का है। उस काल की भाषा के जो स्रोत हमारे पास उपलब्ध हैं उनके अनुसार तब वैदिक धर्म का वर्चस्व था, जिसके पालन और जिसके बारे में शिक्षा ब्राह्मण देते थे और यह विशिष्ट तौर पर उनका ही धर्म था। वैसे तो 'दूसरे पक्ष' की उपस्थिति के अनेक उल्लेख मिलते हैं लेकिन इस उपस्थिति को हम अनमने ढंग से स्वीकार करते हैं क्योंकि मज़बूत अभिव्यक्ति प्रमुख संस्कृति की ओर से है। वर्तमान में प्रचलित विचार का ज़ोर इस बात पर है कि केवल एक संस्कृति का वर्चस्व था, और इस बात को बड़े कमज़ोर ढंग से स्वीकार किया जाता है कि दूसरी संस्कृतियाँ भी तब मौजूद थीं। 'दूसरे पक्ष' की ओर से जो कहानी है उसकी लगभग कोई जाँच नहीं की गई है और उस कहानी को शायद ही कभी बताया जाता है। ऐसा शायद इसलिए भी है क्योंकि यह एक अन्यथा स्पष्टवादी व्याख्या को जटिल बना देता है।

ऋग्वेद अक्सर अलग-अलग लोगों और बार-बार होने वाले वर्गीकरण का उल्लेख करता है, जो प्रायः आर्य वर्ण और दास व दस्यु के दोहरे विभाजन में दिखता है। मैक्समूलर और दूसरे विद्वानों ने जिन्हें आर्य नाम दिया वे ऐसे लोग थे जिन्हें प्रतिष्ठित मानकर सम्मान दिया जाता था, जो शुद्ध संस्कृत बोलते थे और वैदिक धर्म का पालन करते थे। भाषा पहचान की कुंजी थी और यही सामाजिक स्थिति का निर्धारण करती थी।

कई सदियों तक 'आर्य' शब्द श्रेष्ठ सामाजिक वर्ग का प्रतीक बना रहा। लेकिन 19वीं सदी में आर्यों की पहचान स्वत:सिद्ध हो गई, जब नस्ल उपनिवेशित लोगों की उपनिवेशवादी समझ का प्रमुख तत्त्व बन गई। आर्य नस्ल का विचार तब उभरा जब वर्तमान से दो सदी पहले भाषा के सांस्कृतिक मुहावरे (आर्य बोली) की तुलना एक बिलकुल अलग तत्त्व—जैविक प्रजनन से की जाने लगी। लेकिन जैसा कि हम सभी जानते हैं कि दुनिया में कहीं भी किसी संस्कृति को निर्धारित करने की नस्ल की धारणा को लगभग आधी सदी पहले ही ख़ारिज कर दिया गया था। ऐसे में, आर्य नस्ल के बारे में बात करना ग़लत है हालाँकि आम बोलचाल में यह मुहावरा अब भी चला आ रहा है।

हम वैदिक वांङ्मय के विस्तृत विवरणों द्वारा आर्यों की संस्कृति के बारे में परिचित हैं। लेकिन दास कौन थे? ज़ाहिर है, वे आर्यों का 'दूसरा पक्ष' थे, क्योंकि इस शब्द को अक्सर इसी अर्थ के साथ इस्तेमाल किया गया है। इसीलिए, यह कोई अप्रत्याशित बात नहीं है कि पहला भेद भाषा के मामले में किया गया। जो लोग शुद्ध रूप से वैदिक भाषा नहीं बोल सकते थे या बिलकुल नहीं बोल सकते थे, उन्हें 'मृध्र-वाच' यानी विरोधी और अशुद्ध बोली वाला कहकर ख़ारिज कर दिया गया, और बाद में उन्हें 'म्लेच्छ' कहा गया क्योंकि उनमें दूसरी ख़ामियाँ भी थीं जैसे वे ग़लत उच्चारण करते रहे थे। जो लोग 'र' की जगह 'ल' ध्वनि का प्रयोग करते थे उनका काफ़ी मख़ौल उड़ाया गया है। ये म्लेच्छ गंगा के मैदानी क्षेत्रों के निवासी रहे होंगे, क्योंकि इस तरह का उच्चारण इस क्षेत्र में कई सदियों से किया जाता रहा है। उदाहरण के लिए, ई.पू. तीसरी शताब्दी में इस क्षेत्र में मौर्य सम्राट अशोक के बनवाए कुछ शिलालेखों में भी भाषा का यह रूप मिलता है, जहाँ 'राजा मगधे' की जगह 'लाजा मगधे' लिखा गया है। अगर हर कोई मूलत: आर्य वक्ता होता तो इस तरह की ग़लती नहीं होती या इसकी सम्भावना कम होती।

भाषा एक तात्कालिक पहचान है। 'अमानुष' शब्द में अपने-आप

में अलगाव का बोध निहित है। अन्य स्पष्ट अन्तर क्या थे? वे भिन्न धर्म का पालन करते थे इसलिए उन्हें 'अदेव' (ईश्वरविहीन) कहा गया, और वे आवश्यक 'यज्ञ/आनुष्ठानिक बलि' नहीं देते थे, न ही वे महत्त्वपूर्ण 'सोम' अनुष्ठान करते थे। 'सोम' अनुष्ठान उन आर्यों की विशेषता थी, जिनकी भाषा पुरानी ईरानी और हिन्द-आर्य भाषा थी जो अनुष्ठान और संस्कृति में समीपता का संकेत देती है। लेकिन बुरी बात यह नहीं थी कि दास लिंगपूजक थे बल्कि आर्यों द्वारा प्रतीक पूजा न किये जाने के तर्क के कारण उन्हें अस्वीकृत किया जाना भी। आर्यों के अनुष्ठानों में प्रतीकों का पूजन आम तौर पर नहीं किया जाता था। माना जाता था कि दासों को 'यातुधान' और 'राक्षसों' की तरह जादू आता था, इसलिए उन्हें नापसन्द करने के पीछे डर का एक तत्त्व भी शामिल था। इसमें ईर्ष्या का भी संकेत मिलता है क्योंकि माना जाता था कि उनके पास कोई रहस्यमय शक्ति है। दासों को आम तौर पर ग़ैर-दोस्ताना, लालची और सामाजिक रूप से अस्वीकार्य बताया गया।

हालाँकि यह सम्बन्ध जटिल था। कुछ दास धनी थे, ख़ासकर मवेशियों के मामले में और इसलिए उनके मवेशियों पर हमले होते थे। मवेशियों को खींचकर ले जाने की घटना आम थी। दास लकड़ियों की बाड़ वाली बस्तियों यानी 'पुर' में रहते थे। हमें बताया गया है कि आर्यों ने इंद्र और अग्नि की सहायता से उन पर हमला किया। दास, सरदारों के नेतृत्व वाले 'विशों' में बँट गए। यदा-कदा कोई सरदार वैदिक आनुष्ठानिक बलि का संरक्षक भी हुआ करता। ख़ास तौर से अमीर संरक्षकों से मिले चन्दे का हमेशा स्वागत किया जाता था। जहाँ दासों को शत्रु बताया जाता था वहाँ उनकी संख्या बहुत बढ़ा-चढ़ाकर बताई जाती थी। यह अप्रत्याशित नहीं है क्योंकि शत्रुता के जो विवरण प्राचीन सूत्रों में हैं उनमें शत्रु-संख्या को बढ़ा-चढ़ाकर बताने की प्रवृत्ति दिखती है।

इसलिए, कौन थे ये दास, जो प्रमुखतः 'दूसरे पक्ष' के रूप में नज़र आते हैं? उनकी पहचान समस्यामूलक रही है। पुरातत्त्व हमें

विभिन्न संस्कृतियों से जुड़े कई स्थलों के साक्ष्य उपलब्ध कराता है लेकिन समुदायों के रूप में उनकी पहचान अपरिभाषित रहती है, सिवाय उन स्थलों के जहाँ हड़प्पा संस्कृति के बाद के काल के निशान मिलते हैं। प्रायद्वीप में बिखरे महापाषाणकालीन स्थलों की स्पष्टत: एक भिन्न संस्कृति है।

वैदिक वाङ्मय यह संकेत देता दिखता है कि आर्यों और दासों के बीच के इस रहस्यपूर्ण सम्बन्ध का अपना एक इतिहास था। इसकी शुरुआत दासों से हुई, जो देसी दिखते थे और आगत आर्यों द्वारा शुरू से उन्हें भिन्न संस्कृति का मानकर व्यवहार किया गया। लेकिन, जैसाकि पुस्तकों में संकेत किया गया है, दासों के अन्दर धीरे-धीरे जो सामाजिक विभाजन उभरे, उन्होंने आर्यों के साथ विविध तरह के सम्बन्धों की रचना की। सभी दास धनी नहीं थे, जो थे उन्हें आर्यों के समाज में समाहित कर लिया गया होगा, जबकि ग़रीब दास नीच पेशों से जुड़े रहे होंगे।

हमेशा की तरह, महिलाएँ अधिक दयनीय स्थिति में थीं। दासियों को अमीर आर्य 'चल सम्पत्ति' की तरह मानते थे और आर्य प्रमुखों द्वारा उन्हें दूसरों को उपहार के रूप में दिया जाता था। दासियों को प्राय: मवेशियों की लूट में हासिल घोड़ों और मवेशी की तरह ही उपहार में दी जाने वाली सम्पत्ति के रूप में शामिल किया जाता था। आर्य समुदाय में दासी एक जिंस की तरह होती थी जो आर्यों के घरों में काम करती थी। यह बात उन 'दासों' पर भी लागू होती थी, जिन्हें समाज से काटकर ग़ुलाम बनाकर रखा जाता था। कृषि-पशुचारी समुदायों के बारे में अक्सर कहा जाता है कि जब वे निष्क्रिय समुदायों की सम्पदा पर हमला करते थे तब महिलाओं को भी उठाकर अपने घर ले आते थे। फिर उन महिलाओं को या तो पत्नी बनाया जाता या घरेलू कामकाज करने के लिए नौकरानी या ग़ुलाम। घरों में काम करने वाली दास समुदाय की महिलाओं को 'दासी' कहा जाता था।

लेकिन ग़ौरतलब है कि इन दासियों के कुछ पुत्रों को ऊँचा दर्जा भी

दिया जाता है और उन्हें 'दास्य: पुत्रः ब्राह्मण' या 'दासी-पुत्र ब्राह्मण' कहा जाता है, अर्थात वैसे ब्राह्मण जो दासी के पुत्र हैं। ब्राह्मणों की इस विशेष श्रेणी के बारे में हमें क्या बताया गया है? उनमें से कुछ अति सम्मानितों के नाम के साथ उनसे जुड़ी कहानियों का उल्लेख किया गया है। ऋषि दीर्घतमस को उनके मातृनाम 'ममतेय' से जाना गया, जो सामान्य आर्य पितृसत्ता से अलग वंश की ओर संकेत करता है। वह स्पष्टत: विशिष्ट थे, क्योंकि कहा जाता है कि उन्होंने महान राजा भरत का राजतिलक किया था। उन्होंने एक दासी उशिजा से विवाह किया था। सम्मानित ऋषि कक्षिवन्त, जिनके श्लोक *ऋग्वेद* में शामिल किये गए हैं, की माँ का नाम भी यही था और उन्होंने भी अपनी माँ का नाम ही अपनाया और औशिजा कहलाए। इसके थोड़े बाद के ग्रन्थ 'बृहद्-देवता' में उन्हें दीर्घतमस और उनकी दासी पत्नी उशिजा का पुत्र बताया गया है जिसने उन्हें 'दासी-पुत्र ब्राह्मण' बनाया होगा। क्या दासी माँ महज़ एक निम्न स्तर की स्थिति की उपज थी या एक भिन्न संस्कृति से होने की पहचान?

ऐसे ही प्रसिद्ध ऋषि कवाशा एलुषा भी एक दासी-पुत्र थे। 'ऐतरेय ब्राह्मण' में उनके बारे में कहा गया है कि सामान्य (जन्मजात ब्राह्मण कुल में उत्पन्न) ब्राह्मणों ने उन्हें जन्म के कारण सोम अनुष्ठान से निष्कासित कर दिया गया था। जब वे कहीं दूर भटक रहे थे; उन्होंने कुछ श्लोक पढ़े और सरस्वती नदी उनके पीछे चल पड़ी। यह देखकर सामान्य ब्राह्मणों ने तुरन्त उन्हें पहचान लिया कि वे भगवान के लिए विशेष महत्त्व रखते हैं, सो उन्होंने वापस उनका स्वागत किया और उन्हें ब्राह्मण का दर्जा दिया। इसके अलावा उन्हें ब्राह्मणों में सर्वश्रेष्ठ भी घोषित किया। आख़िर उनमें ऐसी क्या विशेषता थी कि (उनकी) माँ के दासी होने के बावजूद ब्राह्मणों ने उन्हें सम्मान दिया?

'छान्दोग्य उपनिषद' में सत्यकाम जाबाल की कहानी दर्ज है, जिसे अक्सर सुनाया जाता है। सत्यकाम गौतम ऋषि के पास पहुँचे और उनसे अनुरोध किया कि वे उन्हें वेद के विद्यार्थी के तौर पर स्वीकार कर

लें। ऋषि ने उनसे पूछा कि क्या वे ब्राह्मण हैं? उन्होंने जवाब दिया कि उनकी माँ ने उन्हें बताया है कि वे एक घर में दासी थीं, और उन्हें भी नहीं मालूम कि उनके पिता कौन रहे होंगे। उनकी बात सुनकर ऋषि ने कहा कि जो सत्यकाम की तरह सत्य बोल रहा है वह ब्राह्मण के सिवाय और क्या हो सकता है, और उन्हें अपना शिष्य बना लिया। यहाँ नैतिक योग्यता वर्णीय पहचान पर हावी हो गई है।

दासी माँ के पुत्र होने के बावजूद इन विशिष्ट ऋषियों ने आर्यों की भाषा का ज्ञान हासिल किया, और आसानी से उनके बीच रहे। वे सबसे निम्न तबक़े की माताओं के यहाँ जन्मे लेकिन उन्हें ऊँची जाति में शामिल किया गया और 'मृध्रवाच' या 'म्लेच्छ' नहीं कहा गया; लेकिन उन्हें वंश-परम्परा से जुड़ा हुआ भी नहीं माना गया ताकि वे स्वयं की उच्च स्थिति का दावा न पेश कर सकें। क्या यह एक जटिल क़िस्म के सूक्ष्म तथा नये सामाजिक-धार्मिक मेल का संकेत देता है जिसकी और जाँच करने की ज़रूरत है और इसके नतीजे समाज तथा प्रतिष्ठा के प्रारम्भिक स्वरूपों के बारे में संकेत दे सकते हैं?

दास संस्कृति 'दूसरे पक्ष' की संस्कृति है। इसे ध्यान में रखते हुए 'ऋग्वेद' का सावधानी से पाठ करने पर इस बात के प्रमाण मिलते हैं कि दास केवल हाशिये पर नहीं थे, भले ही उसके श्लोक मुख्यतः आर्यों के अनुष्ठानों और आस्थाओं से सम्बन्धित क्यों न हों। इस प्रकार, 'दासी-पुत्र ब्राह्मण' से ब्राह्मणों की एक विशेष श्रेणी का पता चलता है, जिसे निम्न स्तर की संस्कृति से शामिल किया गया और यह दर्जा इसलिए दिया गया क्योंकि उनके पास कोई जादुई या शक्तिशाली आनुष्ठानिक ज्ञान था। क्या इससे हम यह निष्कर्ष निकाल सकते हैं कि ब्राह्मण जाति ने, जब भी उपयुक्त लगा, तब विभिन्न मूलों के व्यक्तियों और समूहों को अपने में शामिल किया, और यह प्रक्रिया बाद के कालों में भी अपरिचित नहीं थी? तो क्या दास संस्कृति के विभिन्न पहलुओं का पता लगाने के लिए वैदिक वाङ्मय को खँगालना पड़ेगा? इसके लिए इन समकालीन संस्कृतियों

का अब तक के मुक़ाबले ज़्यादा गहराई से तुलनात्मक अध्ययन करने की ज़रूरत पड़ेगी।

इन सन्दर्भों में आप विभिन्न समूहों के कुछ आयामों का धीरे-धीरे विलय देखते हैं जिससे उनकी पहचान बदली है। यदि कोई दास आर्यों की भाषा सीख ले तो क्या इसका अर्थ यह होता था कि उसका 'आर्यीकरण' हो गया? उसकी श्रेष्ठ शक्ति के प्रदर्शन से उसकी श्रेष्ठता स्वीकार की जाती थी और ऐसा लगता है कि आर्य उसे अपना बनाने की कोशिश करते थे। क्या दास संस्कृति के कुछ अंशों ने आर्यों में प्रवेश किया? या दोनों में कुछ सांकेतिक अदला-बदली हुई? हमें यह भी याद रखना होगा कि यदि ऐसा था भी तो यह बात ऊँची जातियों तक ही सीमित थी। बहुमत निचली जातियों का था और रूढ़िवादी मत के अनुसार, जाति से बाहर वालों को 'वेदों' का पाठ सुनने की भी अनुमति नहीं थी। वे जिन देवताओं की पूजा करते थे वे अलग होते थे और उनके अनुष्ठानों का तरीक़ा भी यज्ञ अनुष्ठान से अलग था।

इन दासी-पुत्रों को 'नास्तिक' नहीं कहा जाता था क्योंकि उनसे उनका ज्ञान हासिल करने की कुछ उत्सुकता मौजूद थी। वैसे, 'आस्तिक-नास्तिक' का भेद उपदेशों और अन्य तरह के दार्शनिक विचारों के आधार पर किया जाता था। इस मामले में, यह जानने की कोशिश उपयोगी होगी कि रूढ़िपन्थियों का चिन्तन ग़ैर-रूढ़िपन्थियों के चिन्तन से किस बिन्दु पर टकराता है। सवाल किया गया है कि क्या नास्तिकों और ग़ैर-रूढ़िपन्थियों को समान माना जा सकता है? एक अन्तर यह किया जा सकता है कि नास्तिक का ठप्पा ईश्वर में आस्था के मामले और उसके परिणामों के सन्दर्भ में लगाया जाता है, जबकि ग़ैर-रूढ़िपन्थ किसी रूढ़िपन्थ के बुनियादी सिद्धान्तों का व्यापक खंडन है। सम्भवतः यह मान्यता कि कुछ लोग सहमत नहीं हुए और वे नास्तिक थे, इस अन्तर की ओर संकेत करती है। दरअसल, नास्तिकता ईश्वर के न होने के सन्दर्भ से कहीं ज़्यादा बड़ी चीज़ है क्योंकि यह ईश्वर में आस्था का प्रचार करने

वालों की आस्था का खंडन करती है। नास्तिकों की अवहेलना केवल आस्तिकों, और वह भी विशिष्ट आस्तिकों की ओर से की जाती है और इसे सामान्य मत नहीं माना जा सकता।

क्या इस द्वैत ने, और इस द्वैत को छोड़ने के मौक़ों ने एक नई संस्कृति को जन्म दिया, जो दोनों स्रोतों से बनी? 'दूसरे पक्ष' की श्रेणियों के सन्दर्भ मिलते हैं, उदाहरण के लिए, उन लोगों के जो अलग रीति-रिवाज़ों का पालन करते थे जैसे असुर अपने मृतकों का दाह-संस्कार नहीं करते थे बल्कि उन्हें दफ़नाते थे। सांस्कृतिक रूप से आर्यों से भिन्न मगर उनकी भाषा बोलने वाले व्रात्यों को अन्ततः एक विशेष अनुष्ठान के बाद आर्यों में शामिल कर लिया गया था। क्या वे पतित थे क्योंकि वे वैदिक रीतियों से अलग हो गए थे? क्या आर्यों के समाज में शामिल होने के लिए अन्य ग़ैर-आर्यों को ऐसे अनुष्ठान करने आवश्यक थे? या फिर शामिल किये जाने की क्षमता रखने वालों और न रखने वालों के बीच कोई भेद था?

दुर्भाग्य से, हमारे पास ऐसा कोई सूत्र नहीं है जो यह बता सके कि दास समुदाय आर्यों, और ख़ासकर ब्राह्मणों को किस नज़र से देखता था। आधुनिक टीकाकारों ने *ऋग्वेद* के काफ़ी बाद आए उपनिषदों के कुछ विचारों का श्रेय ग़ैर-वैदिक लेखकों को दिया है। क्या इसीलिए शुरू में उनके विचारों को गुप्त सिद्धान्त या रहस्यमय के रूप में लिया गया? ब्राह्मण गुरुओं से भिन्न, कुछ क़बीलों या वंशों के क्षत्रिय प्रमुखों को इनमें से कुछ सिद्धान्तों का रचयिता माना जाता है। भिन्न विचार तथा व्यवहार वाले इन पन्थों की संख्या अब काफ़ी बढ़ गई है। इन पन्थों के पूर्वज, और इनके प्रतिनिधित्व वाली संस्कृतियों का अतीत रहस्यमय प्रश्न बने हुए हैं।

आर्य परिवारों के दासी-पुत्रों का उल्लेख अन्य ग्रन्थों में भी मिलता है, लेकिन ब्राह्मण पिता से जन्म लेने के बावजूद उन्हें ब्राह्मण का दर्जा नहीं दिया गया। उदाहरण के लिए, विदुर, जोकि महर्षि व्यास और दासी

के पुत्र थे, ने 'महाभारत' में एक उल्लेखनीय भूमिका निभाई। अनेक घटनाओं पर उनकी टिप्पणियाँ असहमति को दर्शाती हैं या उसका संकेत देती हैं लेकिन उन्हें कभी ऊँचा दर्जा नहीं दिया गया। विशेषत: दासी-पुत्रों के रूप में ब्राह्मणों की उपस्थिति बताती है कि संस्कृतियों के बीच सम्पर्क, और 'स्व' तथा 'दूसरे पक्ष' के बीच संवाद होता था और कुछ असहमत विचारों को सम्भवत: स्वीकार किया जाता था। ये ब्राह्मण असहमति व्यक्त करने वाले और अपनी राह पर चलने वाले नहीं थे; बल्कि इसके विपरीत वे उस संस्कृति से आते थे जिसे 'दूसरी' माना जाता था, फिर भी उन्हें ब्राह्मण की श्रेणी में शामिल किया गया था। यह 'दूसरे पक्ष' की संस्कृति से आने वालों को समाहित करने का एक तरीक़ा था।

2. *श्रमणों की उपस्थिति*

अब मैं दूसरा और एक बिलकुल भिन्न उदाहरण लूँगी—एक संस्कृति जो पहले से अस्तित्व में है, अपने अन्दर से एक दूसरी 'वैकल्पिक संस्कृति' को जन्म देती है। यहाँ 'दूसरी संस्कृति' को अजनबी संस्कृति नहीं माना गया है लेकिन समान संस्कृति से जन्म लेने के बावजूद वह प्रभावशाली समूहों के नियमों से असहमत होती है। अब मैं आपको ईसा के बाद के प्रारम्भिक काल में ले जाऊँगी, जब इन समूहों का जन्म हुआ जो अलग तरह के 'दूसरे पक्ष' थे और जिन्हें संयुक्त रूप से 'श्रमण' कहा जाता था—ये जैन, बौद्ध, और आजीवक थे। कुछ लोग चार्वाक/लोकायत को भी इनमें शामिल करते हैं, हालाँकि उनकी सोच बहुत अलग थी।

श्रमणों की शिक्षा उनमें से प्रत्येक के ऐतिहासिक संस्थापकों के इर्द-गिर्द घूमती है। उदाहरण के लिए, बौद्धों ने बुद्ध, धम्म और संघ को अपनी शिक्षा का स्रोत माना। उनके यहाँ विस्तृत सार्वजनिक अनुष्ठान बहुत कम थे और अपने सिद्धान्त बताने के लिए वे विमर्शों और पाठों का प्रयोग करते थे। उनके यहाँ निर्धारित पूजा-स्थल यानी 'चैत्य' और 'स्तूप' बहुत कम थे। हालाँकि, बाद में वैदिक प्रथा के उलट उनके पूजनीय दिवंगतों के अवशेषों को सहेजा गया है।

'अहिंसा' का प्रश्न बौद्धों और जैनों की शिक्षा का केन्द्रीय तत्त्व है जबकि ब्राह्मणों द्वारा प्रस्तावित ग्रन्थों में या बलि देने के उनके अनुष्ठानों में ऐसा नहीं था। यह विमर्श का विषय बना, जैसा कि 'महाभारत' और 'भगवद्गीता' जैसे कई ग्रन्थों से स्पष्ट होता है जहाँ बुराई के ख़िलाफ़

हिंसा की अनुमति दी गई है। लेकिन 'गीता' में यह प्रश्न कुछ अस्पष्ट हो जाता है क्योंकि यह फ़ैसला कौन करता है कि कोई काम बुरा है और नैतिकता के नियमों के विरुद्ध है—'स्व' या 'दूसरा पक्ष'? (इस चर्चा को मैं आगे उठाऊँगी।) बुद्ध द्वारा 'करुणा' पर ज़ोर यह दर्शाता है कि विभिन्न उपदेशकों द्वारा इस सम्बन्ध में क्या कहा जा रहा था। दूसरे ग्रन्थों की अपेक्षा श्रमणों के उपदेशों में अहिंसा पर ज़्यादा ज़ोर दिया गया है। वैदिक वाङ्मय में, उपनिषद इन चर्चाओं के प्रति ज़्यादा खुला रुख़ अपनाते हैं।

चार्वाक श्रमण नहीं थे, और दोनों के विचार कई अवसरों पर टकराते थे। उन्होंने न केवल देवताओं के अस्तित्व को नकारा, बल्कि इस नकार को वे उन सभी चीज़ों पर लागू करते थे जिनकी पुष्टि नहीं की जा सकती। नास्तिकता, तर्कवाद, और प्रश्न करने की ज़रूरत विधर्मिता नहीं थी, यह विचारशील लोगों का अधिकार था। साथ ही वास्तविक संसार की खोज की व्याख्या भी। उनके अनुसार, हम अपने कर्मों के लिए ज़िम्मेदार हैं और उनके परिणामों से अवगत हैं जो हमें इस जीवन में ही भुगतने होते हैं क्योंकि कोई पुनर्जन्म नहीं होता। अनुष्ठानों को समाप्त कर दिया गया था। तरह-तरह के कई समूहों ने इन विचारों पर चर्चा की और इन चर्चाओं की जीवन्तता के कारण कई बार विचारों में जटिलता उत्पन्न हुई। इसलिए बुद्ध ने उनमें से कुछ को 'संशयवादी' (cel-wrigglers) कहा।

श्रमण ब्राह्मणवाद का अलग-अलग पैमाने पर विरोध करते थे, उन्होंने देवताओं में आस्था, वेदों के ईश्वर वाणी होने, यज्ञ/बलि आदि के प्रभाव, और आत्मा के अस्तित्व का खंडन करते हुए सवाल उठाए। ब्राह्मणवादी साहित्य में श्रमणों को आस्तिकता का विरोधी तथा स्पष्ट तौर पर नास्तिक बताया गया है। आस्था और अनास्था का यह द्वैत ब्राह्मणवादी और ग़ैर-ब्राह्मणवादी धर्मों के ब्राह्मणवादी दृष्टिकोण की बुनियाद रहा। भारतीय चिन्तन में इसे दूसरे द्वैतों से भिन्न माना जाना चाहिए। 'नास्तिक' शब्द का इस्तेमाल सदियों तक ग़ैर-ब्राह्मणवादी आस्था तथा व्यवहार के लिए किया जाता रहा। यह अवधारणा केवल धार्मिक विचार तक सीमित

नहीं थी, ज़ाहिर है कि इसके साथ एक सामाजिक सन्देश भी जुड़ा है। अगर देवताओं के अस्तित्व पर सन्देह किया जा सकता है, तो उनके नाम पर बनाए गए नियमों, और मनुष्य तथा देवता के बीच संवाद के दावों पर भी सन्देह किया जा सकता है।

इन परस्पर विरोधी विचारों में इतिहास-क्रम के साथ कई बदलाव आए। ज़्यादा महत्त्वपूर्ण माने गए श्रमण धर्मों की स्थापना से जुड़े लोग और उनके अनुयायी ऊँची जातियों के थे। श्रमणवाद के दरवाज़े नीची जातियों के लिए भी खुले थे, जो आम अनुयायी और भिक्षु बन सकते थे। अनुष्ठान वैदिक अनुष्ठानों की अपेक्षा कम नाटकीय थे और जाति व्यवस्था से बँधे हुए नहीं थे। जातिगत मानदंडों का पालन इनमें शामिल होने की कसौटी नहीं थी, और उनकी शिक्षा के लिए जाति का आधार भी ज़रूरी नहीं था। उनकी असहमति का मक़सद समाज की पुनर्रचना से ज़्यादा मान्यताओं का विरोध था, हालाँकि समाज की पुनर्रचना उनकी सोच में हाशिये पर नहीं थी और कुछ हद तक अपरिहार्य थी। जाति का क़ायम रहना समस्यामूलक हो सकता है क्योंकि सामाजिक नैतिकता श्रमणवादी विचारधारा का एक महत्त्वपूर्ण तत्त्व थी। लेकिन, शैववाद तथा वैष्णववाद धर्मों के साथ-साथ उभरे उत्तर-वैदिक कालीन औपचारिक वैदिक धर्मों के लिए भी श्रमण नास्तिक और 'दूसरा पक्ष' रहे। पौराणिक धर्म को ख़तरा था जैसा कि पुराणों में उन असहमत तत्त्वों के उल्लेख से ज़ाहिर है, जो झूठे तर्कों के साथ वेदों पर सवाल खड़े कर रहे थे और जिन्हें उनके लाल परिधान से पहचाना गया था। ऐसे परिधान श्रमण साधु पहना करते थे।

आस्थाओं में भेद के होते हुए भी तमाम धार्मिक पन्थ राजशाही के संरक्षण के लिए आपस में होड़ लगाया करते थे, जो उनकी संस्थाओं की व्यवस्था व देखभाल के लिए पहले दान और बाद में ज़मीन आवंटन के रूप में मिलता था। राज्य द्वारा मिलने वाले संरक्षण ने श्रमणवाद को आगे बढ़ाया और उसे समाज में स्थान दिलाया। इस होड़ ने निस्सन्देह वैचारिक संघर्ष को भी बढ़ाया होगा। श्रमण धर्मों के संरक्षण हेतु लगातार

बढ़ते राजशाही संरक्षण के अलावा समाज का बड़ा हिस्सा सक्रिय था जिसमें भूस्वामियों के परिवार यानी 'गहपति', अमीर व्यापारी यानी 'सेठी', व्यापारिक संगठन, और कारीगर तथा उनके परिवार शामिल थे। वे समाज के व्यापक दायरे में लोकप्रिय थे, और इस लोकप्रियता ने निस्सन्देह ब्राह्मणवाद से उनके वैचारिक मतभेदों को और बढ़ाया होगा।

कई ऐतिहासिक स्रोत, जिसे धर्म कहा जा सकता है, उसकी दो धाराओं का उल्लेख करते हैं; ऐतिहासिक परिदृश्य में भी दो धर्म नज़र आते हैं। उनमें से कुछ इस प्रकार हैं—मेगस्थनीज ने ई.पू. चौथी सदी में मौर्य वंश के शासन के दौरान भारत की यात्रा की थी, वह पश्चिम एशिया के हेलेनिस्टिक सेल्यूसिड साम्राज्य से आया था। उसने अपना यात्रा-वृत्तान्त 'इंडिका' नाम से लिखा जिसमें उसने भारतीय समाज में सात जातियों का उल्लेख किया है जिनमें दो जातियाँ सबसे उच्च थीं—ब्राह्मण और श्रमण। श्रमणों को दार्शनिकों के तौर पर जाना जाता था और उन्हें ब्राह्मण नहीं माना जाता था बल्कि उनसे भिन्न माना जाता था। मौर्य सम्राट अशोक ने ई.पू. तीसरी सदी में जो आदेश जारी किये उनमें विभिन्न सम्प्रदायों के बीच सद्भाव बनाए रखने की अपील की गई है। इन सम्प्रदायों का उल्लेख करते हुए अक्सर प्राकृत में प्रयुक्त मुहावरे 'बह्मणम-समणम' का प्रयोग किया गया है। ईसाई युग से पहले संस्कृत के व्याकरणाचार्य पतंजलि ने ब्राह्मणों और श्रमणों के बीच के वैर को साँप और नेवले के वैर के समान माना है।

बाद की सदियों में दोनों के बीच भेद बढ़ता गया जो उस ग्रन्थ से स्पष्ट है जिसमें बौद्ध धर्म में धर्मांतरण के विचार को प्रस्तुत किया गया है। एक बौद्ध सन्त नागसेन का दावा है कि उन्होंने अपने ग्रन्थ 'मिलिन्द पन्हो/द क्वेश्चंस ऑफ किंग मिलिन्द' में बौद्ध धर्म में अपने धर्मांतरण पर सम्राट मिनांडर के साथ हुई अपनी वार्ता को दर्ज किया है। उठाए गए सवाल और उनके जवाब दिलचस्प हैं क्योंकि वे आस्था और तर्कसंगत बहस पर आधारित हैं। ब्राह्मणवादी परम्परा में ऐसी कोई चीज़ शायद

ही मिलती है। शायद इससे धर्म के प्रति दोनों के दृष्टिकोण में बुनियादी अन्तर उजागर होता है। ब्राह्मणों ने मिनांडर को 'म्लेच्छ' माना और उसे अनुष्ठानों में शामिल नहीं होने दिया जबकि बौद्ध उसे बौद्ध धर्म के अ-दीक्षित अनुयायी के रूप में शामिल करने को उत्सुक थे।

ज़ाहिर है, तब तक भिन्न मत रखने वाले कई पन्थ उभर आए थे। किसी धर्म का एक तरह से पालन नहीं हो रहा था और न वह अपनी शिक्षा में एक अखंड धर्म था। स्रोतों में, अक्सर चिन्तन की दो महत्त्वपूर्ण परम्पराओं का उल्लेख मिलता है। इसकी पुष्टि प्रारम्भिक पुराणों से भी होती है जिनमें श्रमणों पर की गई कड़ी टिप्पणियाँ दोनों के बीच के वैर को दर्शाती हैं। अलबरूनी ने ब्राह्मण धर्म का विस्तार से वर्णन किया है लेकिन उसके विरोधियों का भी 'सम्मानीय' के नाम से उल्लेख किया है।

मौर्य और गुप्त वंश के बीच के काल में बौद्ध स्तूपों की जितनी प्रभावशाली मौजूदगी दिखती है, मन्दिरों की उतनी ही कमी दिखती है जिसमें गुप्त काल के बाद बदलाव आता है। धार्मिक इमारतें संरक्षण के साथ लोकप्रियता की संकेतक हैं। वह गहरे सामाजिक परिवर्तन का समय था जब वंश-आधारित समाज की जगह जाति-आधारित समाज उभर रहे थे, और कई साम्राज्य उन क्षेत्रों में स्थापित हो रहे थे जहाँ पहले वंश-आधारित सभाएँ होती थीं जिन पर सरकार का न्यूनतम या शून्य नियंत्रण होता था। कहा जा सकता है कि शायद वह समय ऐसा था जब श्रमणों की स्थिति ज़्यादा मज़बूत थी और उभरते पौराणिक हिन्दू धर्म की स्थिति लगभग 'दूसरे पक्ष' वाली थी, जो गुप्त काल में आकर बदल गई। क्या बौद्ध 'धम्मपद' का ब्राह्मणों द्वारा रचित 'धर्मशास्त्रों' से पहले के मुक़ाबले ज़्यादा सामना हो रहा था? सार्वभौमिक सरोकारों वाला वह नज़रिया धीरे-धीरे जाति-केन्द्रित समाज के सीमित सरोकारों में परिवर्तित हो रहा था जिसका नतीजा था कि ई.पू. की प्रारम्भिक सदियों के पुराणों में बौद्धों और जैनों को विधर्मी और विरोधी कहा गया और उन्हें दंड भुगतना पड़ा जबकि ब्राह्मणों को शाही संरक्षण मिलने लगा। कश्मीर

हो या तमिलनाडु, श्रमणों के ख़िलाफ़ हिंसा के ऐतिहासिक प्रमाण यही बताते हैं कि इसे आम तौर पर शैव पन्थों की उग्रता के कारण बढ़ावा मिला। जैसा कि कल्हण की 'राजतरंगिणी' में कहा गया है कि गांधार में बौद्ध सन्तों और मठों पर हमले किये गए, और दूसरी जगहों पर जैन सन्तों के साथ भी ऐसा ही किया गया। ऐसा क्यों हुआ, इसकी स्पष्ट व्याख्या अभी बाक़ी है। क्या यह पौराणिक एवं श्रमण धर्मों के बीच सिर्फ़ संरक्षण का संघर्ष था?

श्रमण धर्म अपने ही भीतर उत्पन्न मतभेदों का सामना कर रहे थे। बौद्ध धर्म दो धाराओं में बँट चुका था—महायान और हीनयान। महायान धारा का प्रभाव उत्तर-पश्चिमी भारत और मध्य एशिया में ज़्यादा था। अनेक पन्थ उभरे तथा अलग-अलग आस्थाओं और विश्वास पर आधारित अपनी पसन्द के सम्प्रदाय से शिथिलता या मज़बूती से जुड़े। बाद की सदियों में और भी विचारधाराएँ उभरीं, जैसे तांत्रिक पन्थ से प्रभावित वज्रयान।

बौद्ध धर्म का प्रभाव कुछ सीमित क्षेत्रों में था, ख़ासकर पूर्वी भारत में लेकिन छोटी अवधि के लिए। धीरे-धीरे श्रमण धर्मों में सबसे प्रमुख, बौद्ध धर्म, कमज़ोर पड़ता गया और उसने देव-पूजन और उससे जुड़ी प्रथाओं के आगे हार मान ली। अन्य सामाजिक-आर्थिक परिवर्तनों के कारण भी इसके पतन को गति मिली। निस्सन्देह, वाणिज्य में गिरावट ने शाही संरक्षण को अन्यत्र परिवर्तित किया जिससे इसे प्राप्त संरक्षण में कमी आई। सातवीं शताब्दी ईस्वी में चीनी बौद्ध भिक्षु श्वानझांग ने भारत में व्यापक यात्राएँ कीं और अन्ततः नालन्दा में अध्ययन करते हुए कुछ वर्ष बिताए। उसके द्वारा किये गए आकलन के अनुसार, यह तर्क स्वीकार्य नहीं लगता कि इस्लाम ने बौद्ध धर्म को घातक झटका पहुँचाया, क्योंकि उत्तर भारत में इस्लाम के पदार्पण से पहले ही इसने श्रमण धर्मों के बीच अपनी प्रमुखता गँवा दी थी।

भारत में बौद्ध मत की शान्त उपस्थिति के एकदम विपरीत, एशिया के अधिकांश हिस्सों में इसका शानदार विस्तार हुआ। बौद्ध धर्म की प्रचार

गतिविधियाँ दूसरे भारतीय धर्मों से काफ़ी भिन्न रहीं, जो अपने देश तक ही सीमित रहे। प्रारम्भिक शताब्दी ईस्वी में बौद्ध प्रचारकों ने मध्य एशिया के व्यापक दौरे किये, और 'रेशम मार्ग' के नाम से विख्यात कई मार्गों पर व्यापारिक सम्पर्क बनाने के लिए सक्रिय व्यापारियों के साथ यात्रा की। इसके अलावा उन्होंने दक्षिण-पूर्व एशिया से होकर समुद्री व्यापार मार्गों की भी यात्रा की। ग़ौरतलब है कि पौराणिक हिन्दू धर्म ने भी इसी काल में बौद्ध धर्म वाले मार्ग से होकर विस्तार किया लेकिन अधिकतर जगहों पर वह एक गौण धर्म बना रहा। दक्षिण-पूर्व एशिया में शुरुआती तौर पर इसने अवश्य कुछ प्रतिस्पर्धात्मक रुख़ अपनाया लेकिन अन्ततः बौद्ध धर्म को आधार प्रदान किया।

जैनों ने अपना अस्तित्व ख़ुद को हासिल संरक्षण को मज़बूत करके और कर्नाटक तथा पश्चिमी भारत जैसे विशेष क्षेत्रों में अपनी जड़ें पक्की करके बनाए रखा, इन्हें अमीर व्यापारी समुदाय और कभी-कभी शाही ख़ज़ाने से पर्याप्त सहायता प्राप्त थी। उनकी विचारधारा दो बड़े सम्प्रदायों—दिगम्बर और श्वेताम्बर में बँटी, जिनसे कई पन्थ उभरे। उनके मठ विद्वत्ता के केन्द्र बने जिनका ज़ोर अपने उपदेशों पर रहा और इस तरह वे ब्राह्मणों द्वारा स्थापित मठों के प्रतिउत्तर बने। हिसाब-किताब और पैसे के मामले में कुशलता ने उन्हें उस समय की व्यापारिक गतिविधियों और व्यापारी समुदाय के जीवन से जोड़ा। सम्भवतः अनुष्ठानों और उपासना-पद्धति में उपस्थित कुछ रियायतों तथा उनके द्वारा निर्मित भव्य मन्दिरों ने उन्हें अपना अस्तित्व बनाए रखने में मदद की। हालाँकि इसकी जाँच किये जाने की ज़रूरत है।

'दूसरे पक्ष' के दार्शनिकों में चार्वाक की शिक्षा से प्रभावित भौतिकतावादी दार्शनिक थे, जिन्हें हम अक्सर ख़ारिज कर देते हैं। उनकी अनदेखी हमारे इस आग्रह के कारण होती है कि भारत ने अतीत में केवल ग़ैर-भौतिकतावादी दर्शन को प्रतिष्ठा दी। दुर्भाग्य से, ऐसा कोई उल्लेखनीय ग्रन्थ उपलब्ध नहीं है जिसमें उन्होंने इस दर्शन पर लिखा हो, वह ज़्यादातर

मौखिक रूप में, यानी क़िस्से-कहानियों के ज़रिए उपलब्ध है। यदि कुछ ग्रन्थ उपलब्ध होते तो निस्सन्देह उन्हें अधिक महत्त्वपूर्ण स्थान मिलता। हालाँकि विभिन्न ग्रन्थों में उनके उल्लेख मिलते हैं और उनकी शिक्षा के सार के बारे में भी सन्दर्भ मिलते हैं। कुछ लोग 'अर्थशास्त्र' को ऐसा ग्रन्थ मानते हैं जिसमें चार्वाक दर्शन के संकेत मिलते हैं। इसकी वजह शायद यह हो सकती है कि कौटिल्य ने तर्क पर ज़ोर देते हुए गहन अन्वेषण के महत्त्व को रेखांकित किया है। इससे यह संकेत मिलता है कि असहमति भारतीय चिन्तन की विभिन्न धाराओं में समाहित थी, और उसकी मौजूदगी के प्रति हमें ज़्यादा संवेदनशील होना है।

'महाभारत' में चार्वाक नामक राक्षस कुरुक्षेत्र के युद्ध में हुई अकारण मौतों के लिए युधिष्ठिर को फटकारता है। लेकिन ब्राह्मण उसकी हत्या करके उसे चुप करा देते हैं। कुल मिलाकर बौद्ध ग्रन्थ भी चार्वाक के प्रति मैत्री भाव नहीं रखते हालाँकि दोनों के उपदेश ब्राह्मणों के उपदेशों के प्रतिकूल हैं। धीरे-धीरे ब्राह्मणवादी ग्रन्थों में ऐसी प्रवृत्ति उभरी कि ग़ैर-ब्राह्मणवादी धाराओं को एक सूची में दर्ज किया जाने लगा और उन्हें 'नास्तिक' कहा गया।

हालाँकि, ऐसा लगता है कि चार्वाक विचारधारा प्राचीन से मध्यकाल तक उपस्थित थी। अपने समय के अति सम्मानित दार्शनिक माधवाचार्य ने 14वीं सदी की दार्शनिक धाराओं के जिस संकलन 'सर्व-दर्शन समग्र' को प्रस्तुत किया उसके पहले अध्याय में चार्वाक दर्शन पर विमर्श प्रस्तुत किया गया है। लेखक का कहना है कि यद्यपि वे इसके तर्कों से सहमत नहीं हैं, लेकिन यह चिन्तन की एक विख्यात धारा है। इसमें कहा गया है कि भौतिकवादी दर्शन दार्शनिकों के साथ-साथ दूसरों के चिन्तन में भी मौजूद था। इसके अलावा इसमें यह भी बताया गया है कि जब बादशाह अकबर ने विभिन्न दार्शनिक धाराओं के प्रतिनिधियों को विमर्श के लिए न्योता दिया था तो उनमें चार्वाक दार्शनिक भी थे। भारतीय चिन्तन के दार्शनिक परिदृश्य के अपने आकलन में हमें उन्हें उनका उपयुक्त स्थान

प्रदान करना चाहिए। भले ही इसे स्पष्ट रूप से नहीं कहा गया है तब भी यह कहा जा सकता है कि वे दूसरी धाराओं के साथ संवाद में शामिल रहे होंगे, वरना वे 14वीं सदी से पहले ही तिरोहित हो जाते। दो मुख्य धाराओं में, चार्वाकों का संवाद श्रमणों के साथ ही हुआ होगा, ऐसी सम्भावना है।

पृष्ठभूमि के बहुत ही संक्षिप्त रेखाचित्र के माध्यम से काफ़ी कुछ पता चलता है।

असहमति जो धर्म के मुहावरे का प्रयोग करती है और जैसा कई पूर्व-आधुनिक समूहों द्वारा किया गया, स्वयं को असहमति सम्बन्धी ग्रन्थ लिखने तक सीमित नहीं रखती। मात्र विरोधाभासी विचारों से उत्पन्न आख्यानों-पाठों को देखना काफ़ी नहीं है लेकिन यह एक ज़रूरी क़दम अवश्य है; क्योंकि यह असहमति की उत्पत्ति के कारणों को स्पष्ट करता है। साथ ही उन संस्थाओं का अध्ययन भी महत्वपूर्ण है जिनका निर्माण इन धार्मिक समूहों द्वारा अपनी गतिविधियों के समर्थन के लिए किया गया था और जिनके माध्यम से सहमति या असहमति दर्शाई गई थी। कुछ उदाहरणों में तो 'स्व' और 'दूसरे पक्ष' के निर्माण में इनकी भूमिका सीमान्त से अधिक थी। इस तथ्य को स्पष्ट करने के लिए मैं सिर्फ़ कुछ उदाहरणों का उल्लेख करूँगी।

श्रमणों ने सामाजिक परिदृश्य में अपने एक नये अस्तित्व को स्थापित किया, वह था त्यागी का। इस इकाई ने कई मौक़ों पर प्रति-संस्कृति के गुण अपना लिये। यह नई तरह का 'दूसरा पक्ष' था। भिक्षुओं की तरह ये त्यागी अपने मठों में रहते थे—मठों की पहचान कभी-कभी उनके पन्थ से जुड़ी होती थी। समाज पर वे भिक्षा, ख़ासकर भोजन के लिए निर्भर थे। वे ब्रह्मचारी का जीवन बिताकर, किसी भी जाति के घर में पका भोजन खाकर, और सवर्णों-अवर्णों में कोई भेद न करके (कम-से-कम सिद्धान्तः) जाति-व्यवस्था को तोड़ते थे। इनमें से जो पन्थ मज़बूत थे वे धर्म पर केन्द्रित रहने का दावा करते थे हालाँकि राजनीतिक तथा सामाजिक सरोकारों में भी दख़ल रखते थे। कई धार्मिक पन्थों और राजनीति के बीच

का यह रिश्ता या धार्मिक संगठनों द्वारा राजनीतिक गतिविधियों में हस्तक्षेप की यह स्थिति आज भी क़ायम है। संरक्षण अक्सर सम्पर्क सूत्र बनता था। त्यागी सन्त समाज से अलग होते थे लेकिन सामाजिक कल्याण को अपना सरोकार मानते थे और इस वजह से समाज के अन्दर अपनी नैतिक सत्ता रखते थे, जो उनके उपदेशों के विस्तार के साथ बढ़ती थी। यह पूर्व-आधुनिक काल की बात थी, और जैसा कि हम देखेंगे कि आधुनिक काल में भी यह अनजानी चीज नहीं है।

त्यागी साधुओं की संस्थाओं को बनाए रखने के लिए भूमि और बड़ी धनराशि का दान जारी रहा, जिसने उन्हें शक्तिशाली सामाजिक तथा राजनीतिक संस्था बनने में मदद की लेकिन 'दूसरे पक्ष' के रूप में उनकी भूमिका धीरे-धीरे कमज़ोर पड़ती गई। व्यक्ति या समूह या संस्था के रूप में ब्राह्मणों को दिये गए दान ने ब्राह्मणवाद का मज़बूत धार्मिक आधार बनाने में मदद की जैसा कि उससे पहले बौद्ध धर्म के साथ हुआ था। धर्म को संस्थागत रूप देना उसे धर्म-आधारित कामकाज पर एक तरह का नियंत्रण प्रदान करता है। यह धर्मनिरपेक्ष को धार्मिक सत्ता के अन्तर्गत ला देता है। पहली सहस्राब्दी ईस्वी के उत्तरार्ध के बहुत-से शिलालेखों में ब्राह्मणों को प्रदान किये गए भूमि और धन के अनुदान को दर्ज किये जाने से ब्राह्मणवाद को व्यापक राजनीतिक और आर्थिक प्रतिष्ठा मिली और उन्हें केवल वैदिक अनुष्ठान, बलि आदि करवाने वाले या मन्दिरों का निर्माण करवाने और उनमें स्थापित मूर्तियों की पूजा करने वाले विशेषज्ञ के रूप में नहीं देखा गया। इस तरह, धर्म में अपरिहार्य परिवर्तन हुआ।

ब्राह्मणवाद श्रमणों को अस्थिर करने में कुछ तो इसलिए भी सफल हुआ कि 'ब्राह्मणों' को संरक्षण का बड़ा भाग मिल रहा था। वैदिक ब्राह्मणवाद को शाही संरक्षण जारी रहा लेकिन उसे हिन्दू धर्म के एक रूप, जिसे पौराणिक हिन्दू धर्म कहा जा सकता है, की संस्थाओं की बढ़ती माँगों के अनुसार बदलना भी पड़ा। शुरुआत में यह वैष्णव तथा शैव मतों के विभिन्न रूपों की उपासना थी, बाद में इसमें शाक्त तथा दूसरे

पन्थ भी शामिल हो गए। इन व्यापक समूहों के भीतर कभी-कभी कुछ स्थानीय देवता भी शामिल किये गए, जो पौराणिक देवालयों में स्थापित थे। जब ऐसा हुआ, तो अनुष्ठान कराने वाले विशेष लोग या तो एक अलग जाति बन गए या उन्हें ब्राह्मण जाति में शामिल कर लिया गया। इसके प्रमाण गुप्त काल के बाद ज़्यादा सामने आते हैं। कुछ हद तक यह दासियों से उत्पन्न ब्राह्मण पुत्रों की याद दिलाता है, जिन्हें ब्राह्मण का दर्जा दिया गया। स्थानीय देवी-देवता दूसरी परम्परा के हो सकते हैं लेकिन अगर उन्हें पौराणिक हिन्दू धर्म में शामिल करना समयोचित था तो ऐसा किया गया।

पौराणिक हिन्दू धर्म यद्यपि वैदिक ब्राह्मणवाद की दुहाई देता है लेकिन वास्तव में कई पहलुओं में वह उससे बिलकुल अलग है। इसकी कुछ प्रमुख विशेषताएँ श्रमणवाद से प्रतिस्पर्द्धा के फलस्वरूप प्रतिक्रिया का संकेत करती हैं। इसे पहले से मौजूद एक धर्म के नये स्वरूप के निर्धारण में असहमति की भूमिका का उदाहरण माना जा सकता है। इसके ग्रन्थ पुराण थे, जिनकी रचना वेदों की प्राचीन वैदिक संस्कृत में नहीं बल्कि व्यापक तौर पर बोली जा रही संस्कृत में, और बाद की सदियों में ज़्यादातर स्थानीय भाषाओं में हुई। वेद लोक-समाज से काफ़ी दूर थे, उनका अध्ययन और पाठ संस्कृत जानने वालों तक सीमित था, लेकिन पुराणों का पाठ साधारण लोगों की सभाओं में किया जाता था और उनमें जो सामग्री है उससे लोग परिचित थे। बलि के प्रमुख वैदिक अनुष्ठानों, जो मूर्ति पूजा से जुड़े नहीं थे और जिन्हें उपयुक्त माने गए किसी भी स्थान पर सम्पन्न किया जा सकता था तथा अनुष्ठान सम्पन्न होने के बाद उस स्थान को छोड़ा जा सकता था, के विपरीत पौराणिक हिन्दू धर्म में अब उपासना के स्थायी स्थान मन्दिरों के रूप में निर्मित किये गये जिनमें देवताओं आदि की मूर्तियाँ रखी जाने से मूर्ति पूजा की ओर रुझान बढ़ा, और साथ ही धर्म सम्बन्धी परिवर्तन भी हुए। ये नवाचार बाद के 'धर्मशास्त्रों' में प्रतिबिम्बित हुए जिनमें, उदाहरण के लिए, इस बात पर

विचार-विमर्श हुआ कि किस ब्राह्मण को प्राथमिकता दी जाए—उसें जो वेदों का विशेष ज्ञाता है या उसे जो मन्दिर का पुरोहित है?

शुरू में तो मन्दिरों का निर्माण पूजा के लिए मूर्तियों की स्थापना हेतु हुआ लेकिन धीरे-धीरे भक्तों और धनी संरक्षकों से दान में मिली ज़मीन, धन तथा चढ़ावे की बदौलत वे विशाल एवं जटिल संस्थानों में बदलने लगे और इनकी देखभाल के लिए बड़ी संख्या में पुरोहितों की ज़रूरत पड़ने लगी। वे बड़े तीर्थस्थल बनने लगे जहाँ तमाम तरह के लोग जुटने लगे; साथ ही, ये व्यापार के केन्द्र भी बने, जिसके चलते उनका आर्थिक महत्त्व बढ़ गया।

श्रमणों के अपने संस्थान थे, जिन्होंने समाज में विहार, मठ, चैत्य, स्तूप आदि के नाम से जगह बनाई। पौराणिक हिन्दू धर्म के अपने अलग संस्थान थे, जो मन्दिरों, मठों/पाठ्य धर्म तथा शिक्षण केन्द्रों के रूप में बिलकुल अलग स्वरूप के थे। ये धार्मिक संस्थान अपने समय की सामाजिक-आर्थिक तथा राजनीतिक गतिविधियों को प्रत्यक्षतः प्रभावित कर रहे थे जिससे धर्म व समाज के अन्त:सम्बन्धों में पहले की तुलना में काफ़ी फ़र्क़ आया। मामला सिर्फ़ इतना भर नहीं रह गया था कि धर्म उपासना का मार्ग सुझा रहा था, क्योंकि अब धार्मिक संस्थान समाज की गतिविधियों में दख़ल दे रहे थे। सामाजिक-धार्मिक संस्थानों के अस्तित्व के लिए संरक्षण महत्त्वपूर्ण निर्णायक बन गया था।

लेकिन संरक्षण का स्वरूप धीरे-धीरे बदला, ख़ासकर शाही परिवारों की ओर से दिया जाने वाला संरक्षण ज़्यादातर उन ब्राह्मणों को मिलने लगा जो पौराणिक हिन्दू ग्रन्थों के लेखकों और अनुष्ठान-विशेषज्ञों के रूप में उभर रहे थे। इस बदलाव को मुख्यतः दो प्रत्यक्ष कारणों से स्पष्ट किया जा सकता है—पहला, ब्राह्मण ही नये वंशों को प्राचीन क्षत्रिय वंशों की परम्परा से जुड़ने का सूत्र उपलब्ध करा सकते थे, ताकि उन्हें नये क्षत्रिय के रूप में वैधता हासिल हो, और दूसरा कारण ब्राह्मणों का यह दावा था कि वे ऐसे प्रभावी अनुष्ठान कर सकते थे जो बुरी शक्तियों

को रोककर इन वंशों के निरन्तर सफलतापूर्वक राज का मार्ग प्रशस्त कर सकते थे।

इसके साथ ही, उस अवधि में जब व्यापार में भी गिरावट आई और दान के लिए पर्याप्त मात्रा में धन उपलब्ध नहीं था तो श्रमणों की संस्थाओं को अमीर व्यापारियों और उनके संघों की ओर से मिलने वाले संरक्षण में भी सम्भवतः कमी आई। कभी-कभी व्यापारिक गतिविधियों में भाग लेने के कारण पूर्व में मठों और व्यापारिक संगठनों के बीच क़रीबी सम्बन्ध था। इसलिए व्यापार के आकार में कमी आने से मठों को दी जाने वाली सहायता भी घट जाती थी और उनकी गतिविधियाँ भी।

फिर भी, श्रमणों और ब्राह्मणों के बीच इस अवधि में कई विद्वान उभरे, जिससे दार्शनिक चिन्तन में उल्लेखनीय वृद्धि हुई। चूँकि उनके दायरों में काफ़ी अन्तर था इसलिए स्वाभाविक रूप से ऐसे विमर्श में वृद्धि हुई जिसमें रूढ़िवाद और असहमति के तर्कों का ज़्यादा इस्तेमाल किया गया। असहमति केवल अस्वीकार सम्बन्धी आदेश जारी करने तक सीमित नहीं थी, यह दार्शनिक विचारों पर विचार-विमर्श में भी लागू होती थी। ऐसे शास्त्रार्थ राजदरबारों में होते थे; उदाहरण के तौर पर सातवीं सदी में थानेसर-कन्नौज पर राज करने वाले हर्षवर्द्धन के दरबार में होने वाले शास्त्रार्थों को देखा जा सकता है। उस काल के दौरान हुए प्रमुख दार्शनिकों में दिङ्नाग और धर्मकीर्ति का नाम लिया जा सकता है। बाद में यह प्रथा शंकराचार्य आदि के साथ जुड़ी।

यहाँ तक कि जिन्हें व्यापक अर्थ में अलग श्रमण परम्पराएँ कहा जा सकता है, उसमें भी कई तरह के पन्थ उभरे, जिनमें आपस में काफ़ी भेद थे और वे सब ख़ुद को कुछ हद तक स्वायत्त घोषित करते थे। उनमें मतभेद उनके संस्थापकों के उपदेशों की व्याख्या, मठ-व्यवस्था के नियमों, और उनके आम अनुयायियों द्वारा पालन किये जाने वाले धर्मादेशों के कारण थे। ऐसे भेद मूलतः धर्मशास्त्रीय कारणों से हो सकते थे या फिर ऐतिहासिक सन्दर्भ में परिवर्तन के कारण।

उदाहरण के लिए, प्रारम्भिक काल में जब मुद्रा अर्थव्यवस्था प्रचलित हुई, तब एक स्वाभाविक प्रश्न यह उठा कि क्या साधु-सन्त दान में पैसे स्वीकार कर सकते हैं—और यही शुरुआती तौर पर बौद्ध संघों में टकराव का कारण बना। बाद में जब संरक्षण प्रदान करने वालों और दानकर्ताओं में सामान्य अनुयायियों के अलावा दूसरे लोग भी जुड़े और राजपरिवार एवं व्यापारी जैसी विविध श्रेणियों से भी उपहार आने लगे, तब हरेक श्रेणी की विशिष्ट ज़रूरतों का भी ख़याल रखना पड़ा। राजशाही की ओर से बड़े भूमिदान को मैक्स वेबर ने मठों की ज़मींदारी कहकर सन्दर्भित किया है। यह मठों के इस नियम के विरुद्ध था कि मठों को सम्पत्ति, ख़ासकर भूमि रूपी सम्पत्ति नहीं रखनी चाहिए, और वह भी इतने बड़े आकार में कि उसके लिए भिक्षुओं को प्रशासनिक कार्य करने पड़ें और ज़मीन के लिए रखे गये मज़दूरों की देखरेख करनी पड़े। ऐसी स्थिति में, मठ सामाजिक-आर्थिक संस्था बन गए थे जो संस्था राजनीति से पूर्णतः अलग नहीं थी। इस प्रकार असहमति का पोषण मौन हो गया। भूमि सम्पत्ति के प्रबन्धन की प्रक्रिया की छाया ने धनी मन्दिरों तो क्या, ब्राह्मणों के मठों और अग्रहारों की जीवन-पद्धति को भी बदल दिया होगा। सभी ब्राह्मण ग्रन्थों के पारायण में अपना समय व्यतीत नहीं कर सकते थे, क्योंकि उनमें से कुछ को खेती और उसकी सहायक उपज की निगरानी तथा अन्य को हिसाब-किताब रखना होता था। मठों में रहने वाले भिक्षु इन प्रक्रियाओं से परिचित थे।

पहली सहस्राब्दी ईस्वी के मध्य से श्रमण धर्मों का चरित्र पौराणिक हिन्दू धर्म के प्रति हमेशा असहमत रहने वाले समूहों का नहीं रहा। अब तक उन्होंने इन रूढ़ियों के बरअक्स अपनी रूढ़ियाँ और असहमतियाँ गढ़ ली थीं, जिनका अस्तित्व अलग-अलग अवधि तक रहा।

अब तक भारत में प्रायः हरेक धर्म में कई पन्थ/सम्प्रदाय उभर आए थे, हरेक पन्थ अपनी अलग पहचान का दावा कर रहा था और अलग संरक्षण के लिए प्रयासरत था। यह ढाँचा बाद में आए धर्मों पर

भी लागू हुआ। एक संस्था और एक पहचान होने के कारण उन्हें पन्थों के समूह में अपना स्थान बनने में मदद मिली और इसने मूल उपदेश और इसके विभिन्न रूपों से सहमति और असहमति के बीच कहीं अपना स्थान चुनने में उनकी मदद की। मतभेदों की गुंजाइश और उनके सह-अस्तित्व को मान्यता तो दी गई लेकिन उनमें से कुछ के बीच द्वेष और संघर्ष भी हुए। जो भी हो, पन्थों के बीच के सम्बन्ध मैत्रीपूर्ण रहे हों या द्वेषपूर्ण, लेकिन वे छोटे-छोटे, स्थानीय समूहों में सिमटे रहे। किसी एक समान रूप से लागू, सबको समेटने वाले अखंड धर्म का अस्तित्व नहीं था और न ही ऐसे किसी एक, सबको समेटे हुए ग्रन्थ का अस्तित्व था जिसे किसी एक औपचारिक धर्म का माना जा सकता हो। एक सिद्धान्त को तो मान्यता प्राप्त थी लेकिन किसी एक ग्रन्थ को निर्विवाद रूप से सबसे पवित्र घोषित नहीं किया गया था। इसने एकमात्र सर्वोच्च ग्रन्थ के प्रति सम्पूर्ण निष्ठा जैसी चीज़ के मुक़ाबले धार्मिक प्रथाओं और विचारों के स्थानीय स्वरूपों को कहीं ज़्यादा मज़बूती दी।

बाद में, जब धर्म से जुड़ी अतीत की घटनाओं के बारे में लिखने की कोशिश की गई तो यह एक व्यापक धर्म की कहानी के बजाय किसी पन्थ के संक्षिप्त इतिहास या दस्तावेज़ी संस्मरणों के रूप में सामने आया। यहाँ तक कि जब शुरुआत एक बड़ी कहानी के रूप में भी की गई, वह मात्र पन्थ का इतिहास बनकर रह गई। श्रमण धर्मों के अतीत का बेहतर दस्तावेज़ीकरण किया गया लेकिन इसकी वजह शायद यह थी कि उनकी जड़ें इतिहास में हुए किसी संस्थापक के विचारों में निहित थीं, और वे शुरुआती तौर पर असहमत समूह थे, जिन्होंने अतीत को सहेजने और याद रखने की कोशिश शायद इसलिए की ताकि ख़ुद को वैधता प्रदान कर सकें। इतिहास पर दावा करने का एक मक़सद अपनी वैधता सिद्ध करना भी होता है। हालाँकि, आज हम ऐसा इतिहास चाहते हैं जो अनौपचारिक कथा न होकर किसी दावे के समर्थन में विश्वसनीय प्रमाण पर आधारित हो।

रोचक बात यह है कि यह वह समय था जब कई ग्रन्थों, ख़ासकर पुराणों में विधर्मिता की धारणा के बारे में काफ़ी चर्चा होती थी। यह उल्लेखनीय है क्योंकि पुराण ऐसे ग्रन्थ थे जिन्होंने पौराणिक हिन्दू धर्म को औपचारिक ढाँचा प्रदान किया। विधर्मिता तब प्रबल हो जाती है जब किसी एक मतवाद से असहमति प्रकट एवं मुखर होती है, जब एक अनुयायी और संरक्षण के लिए प्रतिस्पर्धा बढ़ जाती है, और जब रूढ़िवाद के संस्थागत आधार के लिए धन के बड़े निवेश की ज़रूरत पैदा हो जाती है।

प्रथम सहस्राब्दी के उत्तरार्द्ध में ब्राह्मणवाद की सफलता का अर्थ यह था कि उसने इन सभी समस्याओं का पहले के मुक़ाबले ज़्यादा सामना किया। विधर्मिता पुराने 'दूसरे पक्ष' तक ही सीमित नहीं थी, क्योंकि इसने उन विभिन्न पन्थों की महत्त्वाकांक्षाओं में जगह बना ली थी जो पहले 'स्व' के चिन्तन व जीवन की सीमा में सिमटे थे। एक अन्य धारा शाक्त के सन्दर्भ में—शैव और वैष्णव पन्थों के सम्बन्धों की जाँच इस परिप्रेक्ष्य में महत्त्वपूर्ण होगी कि उनके बीच किस सीमा तक प्रतिद्वंद्विता थी? या दोनों के बीच आपसी तालमेल था? क्या इस प्रतिद्वंद्विता का ताल्लुक़ अनुयायियों की शक्ति से जुड़ा था? 'पाषंड्' शब्द जो शुरू में किसी पन्थ के लिए इस्तेमाल किया जाता था अब उसका अर्थ बदल गया था और इसे उन पन्थों के लिए इस्तेमाल किया जाने लगा था जिन्हें ज़्यादा रूढ़िपन्थी लोग फ़र्ज़ी बताकर उसकी निन्दा करते थे। कोई धर्म जिस मुक़ाम पर यह मान लेता है कि उसमें रूढ़िवादिता शामिल है, वह ऐसा मुक़ाम होता है जब उसका विरोध कर रही विधर्मिता स्पष्ट हो जाती है।

इन त्यागी साधुओं के उभार ने कम-से-कम शुरुआत में उन विशेषताओं को अपनाया जिसे प्रति-संस्कृति कहा जा सकता है। यह बिलकुल अलग तरह का 'दूसरा पक्ष' था। इन्हें तपस्वी मानने की ग़लती न की जाए, जो अक्सर की जाती है। त्यागी साधु में तपस्वी के अंश हो सकते थे लेकिन वह पूर्णतः अलग था।

जो भी 'तपस्वी या 'संन्यासी' बनना चाहता था उसे अपेक्षा के

अनुसार अपने अन्तिम संस्कार का अनुष्ठान करना होता था। वह अपने परिवार और समाज से सम्बन्ध तोड़ लेता था और एकान्तवास में चला जाता था। कभी-कभार वह दूर के किसी 'आश्रम' में चला जाता था जहाँ दूसरे संन्यासी रहते थे, लेकिन उसे दूसरे लोगों से दूर रहना होता था। निस्सन्देह आज यह विचार उन कई संस्थाओं से लुप्त हो चुका है, जो ख़ुद को आश्रम कहती हैं और जो भले कुछ भी हों लेकिन समाज से दूर नहीं हैं। संन्यासी का लक्ष्य अपनी आत्मा को पुनर्जन्म से मुक्त करना होता था। उसकी मृत्यु के बाद उसका दाह-संस्कार नहीं किया जाता था बल्कि उसे बैठी हुई मुद्रा में समाधि दी जाती थी।

त्यागी साधु किसी पन्थ में शामिल होकर अपने पहले की सामाजिक पहचान को छोड़ देता था, और अपनाए गए पन्थ के सदस्य के रूप में नई पहचान को अपनाता था। लेकिन पारिवारिक बन्धन पूरी तरह नहीं कटते थे। वह ख़ुद को समाज से कटा हुआ नहीं मानता था क्योंकि पन्थ दान देने के इच्छुक हर किसी से दान स्वीकार करते थे, और पन्थ के संस्थापकों के उपदेशों, या फिर जिस पन्थ में वह शामिल है इसके अलावा वह उसकी शिक्षाओं का प्रचार करके सामान्य अनुयायियों की बड़ी जमात बनाने की कोशिश भी करता था। यह शिक्षा किसी नये धर्म को अपनाने के लिए नहीं होती थी बल्कि एक नये नैतिक आदर्श के लिए होती थी। श्रमण सम्प्रदाय ने सामाजिक भलाई में सुधार पर ज़ोर दिया।

त्याग असहमति का आवश्यक तत्त्व नहीं है, लेकिन इसके साथ असहमति का थोड़ा-सा तत्त्व मौजूद रहता है। जैसा कि हम जानते हैं, बाद में व्यक्त विचारों पर ग़ौर करना विविध मतों को ज़्यादा प्रतिनिधित्व देने के समान है। अतीत के अनुभवों के इस्तेमाल और वर्तमान की गतिविधियों पर सवाल उठाने से बेहतर भविष्य को परिभाषित करने में मदद मिल सकती है। आख़िर यह उस भविष्य की कल्पना और प्रस्तुति के मक़सद का एक हिस्सा था जिसे सहस्राब्दी के कल्पनालोक के रूप में भावी बुद्ध, यानी मैत्रेय बुद्ध द्वारा साकार किया जाने वाला था।

श्रमण परम्परा समाज द्वारा पुरुषों और स्त्रियों को दिये गये दर्जे में भेद को मान्य करती है। इसने महिलाओं को भी संन्यास लेने का विकल्प दिया और कई महिलाओं ने संन्यास लिया। विवाहित महिलाओं को इसके लिए अपने पति से मंज़ूरी लेनी पड़ती थी। कुलीन समूहों से इतर समूह की महिलाएँ भी बौद्ध संघों को दान दे सकती थीं, जिन्हें दर्ज किया जाता था। लेकिन ये ऐसे विकल्प नहीं थे जो महिलाओं को स्वायत्तता देते हों, क्योंकि मठ में रहने वाली भिक्षुणियों/संन्यासिनों को भिक्षुओं के आदेशों और शिक्षा के अनुसार चलना पड़ता था। वैसे तो इसने महिलाओं को सामान्य अनुयायी बनने के लिए प्रेरित करने में मदद की लेकिन संन्यासिनों का सार्वत्रिक सम्मान नहीं था। एक धर्मशास्त्र के अनुसार, सम्मानित महिलाएँ संन्यासिनों से कोई सम्पर्क नहीं रख सकती थीं। 'अर्थशास्त्र' में बार-बार उल्लेख मिलता है कि राजदरबार को बौद्ध एवं जैन संन्यासिनों से जासूसी कराने का अधिकार था। हालाँकि यह कहना मुश्किल है कि वास्तव में ऐसा होता ही था या ऐसा संन्यासिनों के सम्बन्ध में सन्देह पैदा करने के लिए कहा गया था।

चूँकि भिक्षुओं में प्रतिबद्धता समाज-कल्याण के प्रति होती थी इसलिए वे सामान्य अनुयायियों से जुड़े रहते थे। आश्रम, जो प्राचीन काल में जंगलों में बने तपोवन जैसे होते थे, के विपरीत बौद्ध तथा जैन धर्म की संस्थागत रीढ़ ये मठ गाँवों और शहरों के क़रीब होते थे, और समाज में उनकी उल्लेखनीय उपस्थिति थी। हो सकता है कि उनकी ओर से किये गए प्रभावी हस्तक्षेपों ने दूसरे धार्मिक पन्थों को भी ऐसे संस्थान बनाने को प्रोत्साहित किया हो। जब ब्राह्मणों को भूमि अनुदान यानी 'अग्रहार' प्राप्त हुए और उन्होंने अपने मठ बनाए तो साम्राज्य के उपजाऊ तथा धनी हिस्सों में उनकी मौजूदगी में उल्लेखनीय वृद्धि हुई। आश्चर्य की बात नहीं है कि यही चलन सूफ़ियों के आगमन के साथ भी जारी रहा और खेती तथा व्यापार के लिहाज़ से समृद्ध इलाक़ों में उनके ख़ानक़ाह और दरगाह बने जहाँ दान आसानी से उपलब्ध था। उदाहरण के लिए, जब

सूफ़ियों ने भारत में क़दम रखा तो दक्षिणी पंजाब के मुल्तान और ऊपरी दोआब इलाक़े उनके गढ़ बने। प्रमुख व्यापारिक मार्ग इसी इलाक़े से होकर गुज़रते थे और सिंचाई-व्यवस्था की शुरुआत भी यहीं की गई थी।

शिक्षा प्रदान करने वाले संस्थानों ने केन्द्रीय जगह बनाई। कई धार्मिक पन्थों ने इस संस्थागत स्वरूप को अपनाया, जैसा कि वे आज भी करते हैं। मठ धार्मिक तथा दार्शनिक विचारों के अध्ययन-मनन के केन्द्र बन गए लेकिन उनमें से कई चूँकि गाँवों-शहरों के क़रीब थे इसलिए राजनीति तथा सामाजिक मामले भी उनके सरोकारों में शामिल हो गए, जिससे 'दूसरे पक्ष' के रूप में उनका विस्तार होता गया। जब उन्होंने सामाजिक संस्थाओं की भूमिका भी अपना ली, तो वे इतने ताक़तवर और अधिकार-सम्पन्न हो गए कि उन्हें ऐसे नियम बनाने की ज़रूरत महसूस हुई जिनसे विभिन्न समुदाय अपनी पहचान तय कर सकें। इस स्थिति में अवश्य असहमति का रूप धार्मिक हो सकता था लेकिन वास्तव में यह ज़्यादातर सामाजिक मुद्दों से जुड़ा होने लगा था।

जैसे-जैसे वे सम्पन्न और मज़बूत हुए उनमें रूढ़िवाद पनपने लगा जिसके फलस्वरूप उनमें से कुछ ने असहमतिपूर्ण भूमिका अपनाई। पुराने असहमत समूहों को असहमति की नई अवधारणा मिली और इसके चलते जो प्रवृत्ति उभरी उसने 'दूसरा पक्ष' होने की क्षमता का प्रदर्शन किया। जो प्रश्न वार्ता के लिए खुला था और असहमति पर निर्भर था वह यह था कि क्या असहमति रूढ़िवाद को मज़बूत कर रही थी, या कि वह विधर्मिता को प्रोत्साहन दे रही थी? सारे श्रमण सम्प्रदाय असहमति के केन्द्र हों, यह ज़रूरी नहीं था क्योंकि उनके विचारों की समग्रता में भी मतभेद मौजूद थे। इसी तरह उन पन्थों व सम्प्रदायों के बीच भी मतभेद थे जो विपरीत धार्मिक विचारों का पालन करते थे। इसलिए असहमति का विशिष्ट 'स्व' के सम्बन्ध में विश्लेषण किया जाना चाहिए।

ऐसा नहीं था कि सारे त्यागी संस्थाओं या समुदायों से जुड़ जाते थे। ऐसे वैयक्तिक त्यागी भी थे जो 'साधु', 'फ़क़ीर', 'जोगी', आदि के

रूप में ऐतिहासिक भूमि में विचरण करते थे और उन्हें 'दूसरे पक्ष' की व्यापक श्रेणी का अंग माना जाता था, लेकिन वे अपनी व्यक्तिगत हैसियत के बूते ऐसे थे। त्यागी का समाज से अलग होकर सबके भले के लिए काम करना उसे समाज में प्रतिष्ठा और नैतिक अधिकार प्रदान करता था। यह कुछ हद तक विरोधाभासी लगता है लेकिन इसने उसकी असहमति को, और वह जिस सामाजिक नैतिकता की शिक्षा देता था उसको, वैधता तथा ताक़त दी, जबकि वह प्रभावी समूहों के विचारों से असहमति रखता था। यदि वह समर्थकों को अपनी शिक्षाओं के प्रति आकर्षित कर पाया तो इसके बदले में उसकी सामाजिक स्थिति सुदृढ़ हुई। क्या इसी वजह से कौटिल्य ने अधिनायकवादी शासन का समर्थन करते हुए, शासन को नई बसाहट में प्रवेश करने की अनुमति देने से हतोत्साहित किया? शायद तर्क यह होगा कि शासन अगर सम्पूर्ण ताक़त का प्रयोग करना चाहता है तो उसे असहमत विचारों की अनुमति नहीं देनी चाहिए—जो अतीत और वर्तमान के कई इतिहासों में मिलता है। 'अर्थशास्त्र' के अनुसार जहाँ समाज के सभी पहलुओं पर सत्ता का पूरा नियंत्रण है, वहाँ की तानाशाही सत्ता को असहमत विचारों पर रोक लगाने का अधिकार दिया गया है।

हमें ध्यान में रखना है कि सभी 'पवित्र पुरुष' त्याग या अर्ध-त्याग पर इस विशिष्ट समझ तक नहीं पहुँच पाए कि उन्होंने ऐसा क्यों किया। कुछ लोग पवित्र प्रतीकों को अपने व्यक्तिगत लाभ के लिए अपनाते हैं, अत: उनका कृत्य कितना वास्तविक है यह जानना काफ़ी कठिन है। त्याग की वास्तविक वजह आस्था भी हो सकती है या फिर दूसरों की धार्मिक आस्था का फ़ायदा उठाने की सोच भी, इसलिए दावों की प्रामाणिकता की जाँच ज़रूरी है। धार्मिक सन्देशों, प्रतीकों और शब्दावली के प्रयोग में भी सन्तुलन होना चाहिए। यदि सन्देश के उत्तरार्द्ध पर ज़्यादा भार होता है तो यह कम प्रभावशाली होता है।

मौर्य और गुप्त काल के बीच की अवधि अप्रत्यक्ष रूप से सम्प्रदायों के बीच श्रेष्ठता के लिए प्रतिस्पर्धा की थी। मनु के 'धर्मशास्त्र' और

कौटिल्य के 'अर्थशास्त्र' में राजनीतिक गतिविधियों के बारे में जो कुछ कहा गया उससे ऐसी अराजकता का ख़तरा मँडरा रहा था जिसमें मत्स्य-न्याय हावी हो जाता है और बड़ी मछली छोटी मछली को खाने लगती है। ग्रन्थों में बिना किसी की ओर संकेत किये सन्दर्भ मिलता है कि ऐसे समय में समाज में बुराई हावी हो जाती है और दुष्टों को सज़ा नहीं दी जाती। दिलचस्प बात यह है कि बड़ी मछली की करतूत ही अराजकता के भाव को मज़बूत करती है।

फिर भी, कौटिल्य राजा को अनुमति देते हैं कि आपातकाल के दौरान वह किसी धार्मिक संस्था की सम्पदा को ज़ब्त कर सकता है। बाद में इसके विस्तृत उदाहरण कल्हण की 'राजतरंगिणी' में मिलते हैं, जिसमें बताया गया है कि पहली सहस्राब्दी ईस्वी के आख़िरी दौर में कश्मीर के कई राजाओं ने वित्तीय संकट का बहाना करके मन्दिरों को लूटा, जिसकी परिणति 11वीं सदी के राजा हर्षदेव द्वारा मन्दिरों पर भयानक हमलों में हुई।

इन सारे परिवर्तनों और तत्कालीन मानदंडों को चुनौती देने के बावजूद ऐसा लगता है कि असहमति को विद्रोह में परिवर्तित होने में कोई अड़चन पेश आती थी। असहमति शायद इस पर लगाम लगाने का एक उपाय था। विद्रोह की सम्भावना को लेकर सजगता थी मगर उसे हतोत्साहित किया जाता था। जाति-सम्बन्धी नियमों को चुपचाप बदला जा सकता था जब तक कि प्रश्न नहीं पूछे जाते थे या लोग उस पर ध्यान नहीं देते थे। नये देवता और अनुष्ठान औपचारिक धर्मों में शामिल किये गए और कभी-कभी, कुछ लोगों के बीच भिन्न तरह के समाज का संकेत देने वाले उपदेश दिये गए। यह सदियों से जारी प्रक्रिया थी, जो बताती है कि 'महाभारत', 'रामायण', 'गीता' जैसे ग्रन्थों में क्षेपकों को कैसे स्वीकार किया गया। इन क्षेपकों के ज़रिये ये ग्रन्थ समय के साथ क़दम मिलाते रहे।

असन्तुष्ट किसानों के एक साम्राज्य से दूसरे में स्थानान्तरण का उल्लेख है लेकिन शासकों को यह क़बूल नहीं था कि किसान उनके

साम्राज्य से दूसरे साम्राज्य में स्थानान्तरण करें, क्योंकि इससे राजस्व की हानि होती थी। जैसा कि कहा गया है, किसानों के स्थानान्तरण को एक दमनकारी सत्ता के ख़िलाफ़ आन्दोलन समझा जा सकता है। लेकिन प्रारम्भिक काल के ग्रन्थों में विद्रोह के अधिकार को आसानी से स्वीकृति नहीं दी गई है। 'महाभारत' दमनकारी राजा की हत्या की अनुमति देता है, लेकिन केवल उनको जो यह निर्णय लेने में सक्षम हैं, यानी ब्राह्मण। लेकिन बौद्ध स्रोत काफ़ी लचीले हैं।

यह लचीलापन शायद राज्य की उत्पत्ति के विषय में बौद्ध दृष्टिकोण का परिणाम है, जिसे 'महाभारत' में भी दोहराया गया है। कहा गया है कि जब सगोत्रता के नियम लागू किये गए और सम्पत्ति के स्वामित्व ने सामाजिक व्यवहारों को निर्धारित करना शुरू किया तो मानव-समाज की उदात्त कल्पना अवनति की ओर बढ़ने लगी और इस परिवर्तन से प्रभावित लोग एकजुट हुए और उन्होंने अपने बीच से एक व्यक्ति को क़ानून बनाने और उनके अनुसार अपने ऊपर राज करने के लिए चुन लिया। इस धारणा को एक सामाजिक अनुबन्ध जैसा कहा जा सकता है जो बौद्ध ग्रन्थों के अनुरूप थी। ब्राह्मणों ने जो ग्रन्थ लिखे उनमें यह चीज़ बाद में आई। इससे पहले तर्क दिया जाता था कि राजा की नियुक्ति देवताओं द्वारा की जाती है।

विद्रोह पर आमादा किसानों के बारे में उल्लेख दूसरी सहस्राब्दी ईस्वी में ज़्यादा मिलते हैं लेकिन ये केवल शब्दाडम्बर रहे होंगे। वास्तव में उपद्रव कम ही हुए। इसी तरह, जब कुछ शहरी कारीगरों ने करों और किराये की राशियों पर आपत्ति की थी तो एक समझौता किया गया था।

ॐ

3. *'दूसरेपन' की छाप*

यहाँ पर थोड़ा विराम लेते हुए मैं कहूँगी कि 'दूसरापन' हमेशा तभी आकार नहीं लेता जब एक व्यक्ति या समूह किसी एक 'स्व' के प्रति प्रतिक्रिया व्यक्त करता है। यह हमेशा आत्म-घोषणा नहीं होती। इसे एक समूह द्वारा दूसरे समूह पर थोपा जा सकता है। एक 'स्व' इसे एक समूह पर थोपकर 'दूसरे पक्ष' का निर्माण कर सकता है। ऐसा या तो उस समूह को समाज से बहिष्कृत करने के लिए जिसे निष्कासित करना होता है, या उसे सामाजिक रूप से मातहत रखने के लिए किया जाता है। कई समाज कुछ तबक़ों को सामाजिक रूप से अधीन रखने के लिए भी उनका बहिष्कार कर देते हैं। ख़ास पेशों से जुड़े समूहों को अलग-थलग कर दिया जाता है, और ये समूह मूलतः आवश्यक श्रमिक समूह होते हैं जो व्यवस्था को अपना काम करने के लिए भौतिक आधार प्रदान करते हैं। उन्हें अधीन बनाकर रखने का एक तरीक़ा यह है कि उन्हें तमाम स्वाधीनताओं और अधिकारों से वंचित करने की घोषणा कर दी जाए। सभ्यताएँ दासों और ग़ुलामों की नींव पर खड़ी हुईं। भारतीय सभ्यता के रचनात्मक माने जाने वाले काल में कई तरह के अवर्णों का उल्लेख मिलता है। लेकिन यह सामाजिक 'दूसरापन' असहमति से निकला 'दूसरापन' नहीं है। जिन्हें बहिष्कृत कर दिया जाता है उनके लिए दूसरा कोई विकल्प नहीं होता। फिर भी, उसकी उपस्थिति का ख़याल रखना होता है क्योंकि यह असहमति और विरोध का 'दूसरापन' बन जाता है, जैसा कि हाल के समय में कई समाजों में हुआ है।

त्यागी साधु-सन्तों ने स्वेच्छा से उस वैकल्पिक समाज में शामिल होने का फ़ैसला किया, जो उन्हें अलग पहचान देता था। लेकिन यह 'दूसरेपन' की एक बड़ी श्रेणी है जिसकी हमने बार-बार अनदेखी की है। यह उसके विपरीत है जिसका ज़िक्र मैंने पहले इसलिए किया क्योंकि यह थोपा हुआ और सोचा-समझा 'दूसरापन' है, दर्जा घटाकर थोपी गई सामाजिक दूरी। अगर उसे जाति माना जाए तो अवर्णों की श्रेणी जाति है व्यवस्था में सबसे नीची है और जातियों की वर्ण-व्यवस्था से बाहर की है जिसमें निचली जातियाँ, अछूत, आदिवासी आदि शामिल हैं जो जंगल में अलग-थलग रहते हैं। यह 'दूसरापन' ऊँची जातियों ने गढ़ा था, जिसे सामाजिक पदानुक्रम में उच्च स्थिति पर विराजमान लोगों द्वारा समर्थित किया गया था।

अपनी पहचान रखने वाले कुछ समुदायों को उनके श्रम का शोषण करने के लिए अलग किया गया, जैसे चांडालों को, जो अपनी भाषा बोलते थे और अपने अलग सामाजिक नियमों का पालन करते थे। चांडालों को वैदिक काल से ही सबसे निचली श्रेणी का माना जाता रहा है। 'गीता' में तो यहाँ तक कहा गया है कि जो व्यक्ति स्थापित सामाजिक नियमों को तोड़ता है वह अगले जन्म में कुत्ते, सूअर या चांडाल की योनि में जन्म लेता है। 'महाभारत' के अन्तिम खंड में एक रहस्यपूर्ण कथा है जिसका यहाँ एक पहेली है—भीषण अकाल के दौरान ब्राह्मण ऋषि विश्वामित्र भोजन की खोज में घूमते हुए चांडालों के गाँव में पहुँचे और एक झोंपड़ी में एक मरे हुए कुत्ते को लटका देखकर उसे खाने ही जा रहे थे कि एक चांडाल ने विनती करते हुए उन्हें उनके ब्राह्मणत्व तथा शुद्धता की याद दिलाई, और बताया कि अगर उन्होंने उस कुत्ते का मांस खाया तो उनके सारे पुण्य नष्ट हो जाएँगे। फिर भी, ऋषि ने कुत्ते को खा लिया और अपने नष्ट हुए पुण्यत्व को प्राप्त करने का प्रयास करने लगे। यह एक दिलचस्प कथा है। ऐसी स्थिति की कल्पना धर्मशास्त्र में नहीं की जा सकती, क्योंकि ऋषि के उस आचरण ने उनके ब्राह्मणत्व को समाप्त कर

दिया होता। इसलिए आश्चर्य की बात है कि इस कथा को 'महाभारत' में शामिल क्यों किया गया, और इस पर पर्याप्त टिप्पणी क्यों नहीं की गई?

इस बात पर विशेष ज़ोर दिया जाता था कि किसी मनुष्य को जिसे अछूत श्रेणी में रखा गया है, वह शरीर और मन से इतना अशुद्ध था कि किसी उच्च जाति के व्यक्ति ने उसे छू भी लिया तो वह अपवित्र हो जाता था। माना जाता है कि इतनी कठोरता तब आई जब पहली सहस्राब्दी ई. में ऊँची जातियों में असहमति के विचार उभरने लगे थे। हालाँकि स्वर्ण युग के सामाजिक जीवन का वर्णन करते हुए-सामाजिक इतिहास के इस पहलू को अक्सर छोड़ दिया जाता है।

ऐसी श्रेणी क्यों बनाई गई, इस पर अवश्य कुछ विचार-विमर्श हुआ है। कुछ लोगों का तर्क है कि इसका ताल्लुक़ गाय को एक पवित्र पशु घोषित करने से था। मृत गायों के शवों को हटाने वाले और गोमांस खाने वाले अशुद्ध माने गए और उन्हें बहिष्कृत घोषित कर दिया गया। यह आंशिक व्याख्या हो सकती है लेकिन समाज में इतने बड़े परिवर्तन के लिए, या किसी को समाज से बहिष्कृत किये जाने के लिए केवल गोमांस खाना ही पर्याप्त कारण नहीं हो सकता। दूसरा तर्क है कि ये लोग मूलतः उन जनजातियों के थे जो दबी-कुचली थीं, अतः उन्हें बाँटकर अपमानजनक माने गए पेशों में लगा दिया गया। यह व्याख्या ज़्यादा उपयुक्त लगती है। हालाँकि उन्हें किसने और किस तरह दबाया तथा जबरन अपमानजनक पेशों में लगाया, इसकी और व्याख्या की ज़रूरत है।

ऐसी दास श्रेणी बनाने से बँधुआ मज़दूरों और ऐसे लोगों की पक्की व्यवस्था हो गई, जिनसे जबरन वे सभी काम कराए जा सकते थे जिन्हें बाक़ी समाज नहीं करना चाहता था, या जिन्हें अपमानजनक की श्रेणी में रखा गया था। थोपने की यह प्रक्रिया इतनी दमनकारी थी कि इसने अधीनस्थों की ओर से विरोध को उभरने ही नहीं दिया। इसने उनमें से अधिकतर की स्थायी दरिद्रता की निरन्तरता को बनाए रखा। दूरी को इस

दावे से मज़बूती दी गई कि अवर्ण दूषित लोगों की श्रेणी है। अधीनता पर ज़ोर देने और उसे वैध बनाने के लिए कहा गया कि इस श्रेणी का प्रदूषण और उसकी अशुद्धता उच्चतम जाति, ब्राह्मण, की शुद्धता को सन्तुलित करती है। ब्राह्मण और कुछ उच्च जातियों की कथित शुद्धता को अस्पृश्यों पर थोपी गई अशुद्धता से सन्तुलित किया गया था। यह कोई संयोग नहीं था कि उस समय के कई भूस्वामी ऐसे ब्राह्मण थे जिन्हें ज़मीन और धन का दान मिला और सत्ता के उच्च पद भी ऊँची जातियों के क़ब्ज़े में थे। उनकी दासता को पक्का करने के लिए मानवीय शर्तों के हिसाब से उन्हें अशुद्ध मनुष्य के रूप में प्रचारित कर मन्दिर जैसे पवित्र स्थानों में उनके प्रवेश को बन्द कर दिया गया।

चूँकि यह 'दूसरा पक्ष' मूलतः असहमत नहीं था इसलिए उसे असहमति जताने का न तो अधिकार था और न अवसर। फिर भी, अवर्ण वर्ग के कुछ सदस्यों ने अपने उपदेशों में असहमति व्यक्त की, उदाहरण के लिए भक्ति सन्तों ने। हालाँकि वे सामाजिक चलन को बदलने में सफल नहीं हुए, लेकिन अवर्ण समूह के इन भक्ति सन्तों के अस्तित्व को मान्यता मिली जबकि वे निचली और प्रायः अछूत मानी गई जातियों से आए थे। उनकी सीख या शिक्षाएँ शक्तिशाली वाचिक परम्परा में तब्दील हुईं। उनके चरित बाद की जिन पौराणिक कथाओं का हिस्सा बने, उनमें तीन पहलुओं पर ज़ोर दिया गया है—देवता के प्रति उनकी भक्ति का प्रतिदान उस विशेष गुरु के प्रति उस देवता के प्रेम के रूप में मिलता है; ब्राह्मण सन्तों के प्रति प्रायः वैर भाव रखते हैं लेकिन उनसे इस भाव को दूर करने की अपेक्षा की जाती है; और कई बार उन्हें राजपरिवारों की महिलाओं से संरक्षण प्राप्त होता था। अन्तिम पहलू बेशक इस बात का सूक्ष्म संकेत है कि ऐसा ही दूसरा समूह भी मौजूद था जिसे आज़ादी हासिल नहीं थी, और यह समूह महिलाओं का था। उपर्युक्त तीनों पहलू उन सन्तों के उपदेशों को सन्दर्भ प्रदान करने वाले सामाजिक मानदंडों की पीड़ा और वास्तविकता को उजागर करते हैं।

कभी-कभी उलटी चुनौती भी मिलती है। उदाहरण के लिए, रविदास का मामला लें। वे एक अवर्ण सन्त थे, और हमारे समय में उनके अनुयायियों की संख्या सबसे ज़्यादा है। उनका चरित बताता है कि अपने पिछले जन्म में वे ब्राह्मण थे और रामानन्द के मूर्तिपूजक शिष्य थे लेकिन मांस खाने के कारण उन्हें दंडित किया गया और दूसरा जन्म नीची जाति में लेना पड़ा। यह उनकी वास्तविक स्थिति से इनकार किये बिना उन्हें उच्च मूल का बताने की कोशिश लगती है। सन्तों के ब्राह्मण जीवनीकारों ने दोनों के बीच द्वंद्व को महत्त्व न देते हुए उन्हें मूलतः उच्च जाति का बताने की कोशिश की है। कहा गया कि रविदास रामानन्द के शिष्य थे लेकिन आश्चर्य की बात यह है कि वे ख़ुद ऐसा नहीं कहते।

मौजूदा दौर में, असहमति का अधिकार, कम-से-कम सिद्धान्ततः तो, कुछ अधिक ताक़त के साथ सामने आता है। सवाल यह है कि असहमति क्या रूप लेगी? दलित समूहों को हिन्दू धर्म के नीचे लाने की कोशिश की जा रही है लेकिन इसमें जाति उसी तरह आड़े आ रही है जैसे यह ग़ैर-हिन्दू धर्मों में धर्मांतरण में आड़े आती है। जाति से मुक्ति तो अपरिहार्य है लेकिन यह जातियों की सभी श्रेणियों के सन्दर्भ में होनी चाहिए। अवर्णों के मामले में यह तब अधिक प्रभावी होगी जब यह उनके अपने समुदायों के अन्दर आन्दोलन के रूप में उत्पन्न हो। यह 'दूसरे पक्ष' के गठन की एक और प्रक्रिया होगी। जहाँ तक मौजूदा अवर्णों की बात है, हमें पूछना होगा कि इन्हें कौन बना रहा है, किसलिए बना रहा है, और किसे इसके अनुसार चलने को मजबूर किया जा रहा है और यह चलन में क्यों बना हुआ है। ज़रूरत इस बात की है कि जिन्हें इस तरह 'दूसरा पक्ष' होने को मजबूर किया जा रहा है वे इस ज़बरदस्ती की वैधता पर सवाल उठाकर इसका विरोध करें।

यही बात उन पर भी लागू होती है जिन्हें 'अताविकास' और 'आदिवासी' कहा गया, और जिन्हें अब हम अनुसूचित जनजातियाँ कहते हैं। ये उन विभिन्न लोगों में थे जो अपेक्षाकृत अधिक समतावादी समुदायों

के थे और जिन्हें मूलतः जंगलों में बसे क़बीलों या क़बीलों के समूह के रूप में पहचाना जाता था। जब तक जंगलों में अतिक्रमण नहीं किया गया था, वे स्वतंत्र जीवन जीते थे और जंगल को काटकर बनाए गए कृषि क्षेत्रों में बसे गाँवों के लोग उन्हें सांस्कृतिक रूप से बाहरी मानते थे। लेकिन कृषि-केन्द्रित अर्थव्यवस्था के विस्तार और वनों की कटाई के साथ या तो इन समुदायों को जंगल के और अन्दर जाना पड़ा, या उन्हें दास बना लिया गया। इन्हीं में से कुछ को आगे चलकर निचली जातियों की संस्कृति में समाहित कर लिया गया, जबकि दूसरों को अछूत की श्रेणी में डाल दिया गया। ऐसा कैसे और क्यों हुआ, इसकी विस्तार से जाँच बाक़ी है।

कुछ मामलों में जिन आदिवासी क़बीलों ने राजनीतिक ताक़त हासिल करने का साहस किया उनके लिए नये सफल शासकों ने दर्जे के मामले में कुछ रियायतें दीं। कुछ राजपूत शासकों के राजतिलक के समय भील सरदारों ने उन्हें तिलक लगाया। 'आदिवासी देवता' को शाही वंश में भी अपनाया जा सकता था, जैसा कि चन्देलों के उदाहरण से स्पष्ट है, जिन्होंने मनिया देवी की पूजा को अपनाया था। उच्च जातियों के पूजन अनुष्ठान में ऐसे देवी-देवताओं को अपनाने व समायोजित करने के कई उदाहरण पूरे उप-महाद्वीप में देखे जा सकते हैं।

4. *भक्ति सन्त और सूफ़ी पीर*

मेरा तीसरा उदाहरण थोड़ा जटिल है। पहले उदाहरण में मैंने एक वैकल्पिक संस्कृति यानी एक व्यक्ति (दासी-पुत्र ब्राह्मण), जिसका स्थापित संस्कृति से मतभेद था, का ज़िक्र किया था जिसे कुछ मामलों में ऐसी कथित अलौकिक शक्तियों से सम्पन्न माना गया जिससे किसी को भी ईर्ष्या हो सकती है। उसका संवाद स्थापित समाज के छोटे समूह से था। मेरा दूसरा उदाहरण श्रमणों के एक समूह का था, जो वैदिक ब्राह्मणवाद से मूलतः असहमत थे लेकिन बाद में ख़ुद उनके समूह में रूढ़िवाद उभरा; और चूँकि तत्कालीन प्रभुत्वशाली समाज के नज़रिये से वे 'असहमत' वर्ग से थे, कुछ ने अपने समाज के प्रति अनुरूपता दिखाई। फिर भी, उच्च श्रेणी के कई लोग उन्हें असहमत समूहों के रूप में ही देखते थे।

अब मैं 'दूसरे पक्ष' के बारे में ज़्यादा बड़ी संख्या में अन्य और कई तरह के 'स्व' के सन्दर्भ में बात करूँगी। मैं एक और सहस्राब्दी की ओर बढ़ रही हूँ, यानी 15वीं-16वीं सदी की ओर, जो ख़ासतौर पर धर्म के इतिहास और समाज के साथ धर्म के सम्पर्क के परिप्रेक्ष्य में भारतीय अतीत का एक उल्लेखनीय काल था। यहाँ तक आते-आते समाज में पहले से ज़्यादा मिश्रण होने लगा था, जो उस समय के उपदेशों, कविताओं, गीतों और जनजीवन में प्रतिबिम्बित हो रहा था। जैसा कि कुछ लोगों का मानना है, मुगल बादशाह अकबर नई धार्मिक प्रवृत्तियों को जन्म देने वाला अकेला नहीं था, उसके जैसे कई दूसरे भी थे। मैं उन लोगों की चर्चा करूँगी, जो उतने महान नहीं थे लेकिन

'दूसरे पक्ष' के रूप में जिनकी गतिविधियाँ आगे बढ़ीं।

मैं जो उदाहरण दे रही हूँ वह भक्ति आन्दोलन का एक पहलू है, ऐसा आन्दोलन जो सन्तों के रूप में मशहूर कई व्यक्तियों के नेतृत्व में इस उप-उपद्वीप के हर हिस्से में उभरा। शुरू में, ये मौजूदा धर्मों के सन्दर्भ में 'दूसरे पक्ष' थे। पूजा-पद्धति के आम रूपों से आगे जाकर उन्होंने किसी एक देवता या देवता के अमूर्त विचार के बारे में अबाध निष्ठा व्यक्त की। यह उनका पौराणिक हिन्दू धर्म और इस्लाम, दोनों से अलगाव था। कुछ का जन्म उन विचारों से हुआ जिन्होंने उस समय भारत के धार्मिक चिन्तन को आकार दिया और बाक़ी का जन्म उन विचारों से हुआ जो सूफ़ी धाराओं के साथ मध्य एशिया और फ़ारस से आए और भारत में बस गए, साथ ही, उन्होंने कई और 'दूसरे पक्षों' का गठन किया। ये प्रक्रियाएँ अलग होने वाले पन्थों के लिए निर्णायक थीं। संस्कृतियों के मेल-जोल के मद्देनज़र धार्मिक शिक्षण का नाटकीय प्रस्फुटन हुआ जिसने समाज के कई स्तरों को प्रभावित किया।

इसने उन लोगों की प्रथाओं और आस्था को स्वरूप प्रदान किया जिन्हें आधुनिक काल में मुख्यत: सुविधा के लिए हिन्दू धर्म के नीचे एकजुट किया गया। इसने उन कुछ लोगों की आस्था को भी स्वरूप प्रदान किया जिन्हें उस काल में यवन, शक और तुरुष्क कहा गया, और जिनके लिए आज हम मुस्लिम नामक विशेषण का प्रयोग करते हैं। ये समरूप विशेषण धर्म के अर्थ के साथ तोड़-मरोड़ करते हैं। मैं उनके बारे में उसी तरह चर्चा करने की कोशिश करूँगी जिस तरह उन्हें उनके दौर में कहा जाता था। इतिहास की दृष्टि से दिलचस्पी का विषय मिश्रित मूलों से उभरी परस्पर विरोधी आस्थाएँ हैं जो उन लोगों को आकर्षित करती थीं जो किसी धर्म का कड़ाई से पालन नहीं करते थे। उस समय, धर्म की ज़्यादातर प्रथाएँ इन्हीं स्रोतों से उभरीं। सभी विचारों और गतिविधियों को औपचारिक धर्मों—दूसरी सहस्राब्दी के हिन्दू और मुस्लिम धर्म—के द्वैत में वर्गीकृत करने की हड़बड़ी में हमने अस्पष्टताओं की बड़ी दुनिया

को खो दिया जो किसी समाज में, और शायद अतीत के समाजों में घटने वाली घटनाओं की विशेषता होती है। यह प्रारम्भिक काल से अलग था, जब द्वैतता के बाद भी किसी पन्थ की धार्मिक आस्था महत्त्वपूर्ण थी।

भक्ति आन्दोलन या जिसे भक्तिमय हिन्दू धर्म कहा गया है वह पौराणिक हिन्दू धर्म के समानान्तर, तो कुछ हद तक उसके विपरीत था। इसके प्रारम्भिक प्रचारक प्रायद्वीप के वैष्णव और शैव उपदेशक, कवि और गायक थे; और दूसरी सहस्राब्दी ईस्वी से इसने उत्तर भारत में भी अपनी आवाज़ें हासिल कर लीं। इसे पौराणिक हिन्दू धर्म के तामझाम की ज़रूरत नहीं पड़ी जबकि इसमें भी उन्हीं देवताओं की पूजा की जाती थी लेकिन एक तरह से यह पौराणिक हिन्दू धर्म से अलग था। इसके अलावा, इसके अन्दर निचली जातियों के सन्तों, जो नास्तिक होने से परहेज़ नहीं करते थे, और पौराणिक देवताओं के भक्तों के बीच एक तरह के अलगाव की भावना थी। यह भेद सगुण और निर्गुण भक्ति, यानी अमूर्त और देवता की साकार मूर्ति के प्रति भक्ति के बीच किया गया लेकिन उत्पन्न मतभेद बहुत कुछ कहते हैं। सामान्यतः भक्ति को मन्दिरों, पुरोहितों, अनुष्ठानों से नहीं जोड़ा जाता था, चाहे उपासना किसी स्थापित देवी-देवता की ही क्यों न की जाती हो।

इसके अलावा, धर्म की व्याख्या की दो धाराएँ थीं, जो एक समान नहीं थीं। पहली धारा ब्राह्मणों के वर्चस्व और मन्दिरों पर आधारित थी, जो धनी थी और राजनीतिक तथा सामाजिक मामलों में दख़ल देती थी, और धर्म के रूप में अपनी प्रमुखता का दावा करती थी। दूसरी धारा विविध धार्मिक व्याख्याओं वाली थी जिसे मँझोली जातियों और अवर्णों, और कभी-कभी ब्राह्मणों द्वारा समर्थित किया जाता था, और जिनकी आस्था और उपासना-पद्धति किसी पौराणिक ईश्वर के प्रति समर्पित भले रही हो, मगर पहले समूह की आस्था और उपासना-पद्धति से भिन्न थी। बाद वाला समूह ख़ुद को ऐसे कई सम्प्रदायों के ज़रिये अभिव्यक्त करता था, जिन्हें या तो प्रमुख देवता के नाम से पहचाना जाता था जैसे

दक्षिण के आलवार और नयनार—या उस व्यक्ति के नाम से जिसने किसी सम्प्रदाय की स्थापना की; जैसे चैतन्य या निर्गुण भक्ति पर ज़ोर देने वाले कबीर, दादू, रविदास, चोखामेला, नानक आदि जिन्होंने ईश्वर के अमूर्त व निराकार रूप को प्रधानता दी। यह अन्तर कुछ तो उन सन्तों की सामाजिक पहचानों के कारण था जिसने उन्हें उपासना के पारम्परिक रूप से अलग दिशा दिखाई। बाद वाला समूह श्रमणों के साथ पहले से जुड़े कुछ विचारों को नये स्वरूपों में जारी रखने के संकेत देता है।

भक्ति 'सन्त' हों या सूफ़ी 'पीर', दोनों ने ही किसी नये धर्म की स्थापना नहीं की। वे धर्म को उन रूढ़ियों और पुरातन परम्पराओं से मुक्त कराने की कोशिश कर रहे थे जिन्हें शक्तिशाली और सत्ता-सम्पन्न लोगों ने औपचारिक धर्मों पर थोप रखा था। उल्लेखनीय बात यह है कि ये 'दूसरे पक्ष' जो कुछ शिक्षा या उपदेश दे रहे थे, वे किसी भी जाति के व्यक्ति के लिए उपलब्ध थे। उनके 'दूसरेपन' का स्वरूप इससे तय होता था कि वे 'स्व' के रूप में किसे सम्बोधित कर रहे थे। ज़्यादा सम्मानित पीरों का आशीर्वाद पाए ये शासक शासन करने की राजनीतिक वैधता का दावा कर सकते थे। यह उस पुरानी प्रथा की याद दिलाता है जिसके तहत ब्राह्मणों द्वारा राजाओं के लिए उपयुक्त वंशावली की रचना की जाती थी।

उनके अनुयायियों की पूर्व धार्मिक पहचान जो भी रही हो, यह सन्तों और पीरों के लिए मुख्यत: निरर्थक थी। वे जातिगत परम्पराओं की भी अनुशंसा नहीं करते थे। दोनों ही मामलों में वे भिन्न मतावलम्बी थे। सन्तों ने लोकभाषा के प्रयोग का ध्यान रखा था ताकि उनके उपदेश व्यापक तौर पर समझे जा सकें। पूजे जाने वाले देवी-देवता निराकार या साकार हो सकते थे। कबीर ईश्वर को निराकार बताते थे, इसी तरह नानक उसे 'रब' कहते थे, जो अरबी में ईश्वर के लिए प्रयुक्त किया जाता है और पंजाबी भाषा में भी सभी धर्मों के लोग इसी नाम का प्रयोग करते हैं। जो लोग कृष्ण की पूजा उन्हें विष्णु का अवतार—अक्सर मूर्ति रूप में—मानकर करते थे, वे भी उनका गुणगान एक व्यक्ति के रूप में करते

थे और उन्हें अपने बीच का मानते थे। उपदेश अनौपचारिक थे—गुणगान और भगवद् भजन के रूप में—और अनुष्ठान भी नाममात्र के थे।

प्रारम्भिक सन्तों में कबीर, रविदास, दादू और चोखामेला थे, जिनके लिए देवता की पहचान उनके उपदेशों की धुरी नहीं थी। वे निचली जातियों से थे और अपने आदर्शलोक की खोज में थे। बिलकुल अलग ढंग के चिन्तक कबीर ने स्वतंत्र आस्था की दुनिया की खोज की। काफ़ी हद तक उनमें प्रारम्भिक श्रमण परम्परा की अनुगूँज सुनाई देती है, लेकिन उससे उनका कोई प्रकट सम्बन्ध नहीं दिखता। रविदास ने भविष्य के एक ऐसे नगर की कल्पना की थी जिसमें सामाजिक असमानता नहीं थी इसलिए कोई दुख नहीं था, और इसलिए उसका नाम उन्होंने 'बे-गमपुरा' (बिना गम वाला पुरा) रखा। उल्लेखनीय बात यह है कि अवर्णों के लिए नई सहस्राब्दी का आगमन अब्राह्मवादी धर्मों (यानी यहूदी, ईसाई और इस्लाम) की तरह 'फ़ैसले का दिन', या फिर हिन्दुओं की तरह कलयुग की समाप्ति के साथ ब्रह्मांड का प्रलयंकारी अन्त नहीं था, जिसे शायद अगला कल्कि अवतार उबार ले। बौद्ध चिन्तन के मुताबिक़ यह बुद्ध मैत्रेय के आगमन के साथ न्यायपूर्ण समाज की स्थापना और 'धम्म' के विस्तार के बौद्ध कल्पनालोक से जुड़ा था। यह समाज की गुणवत्ता और सामाजिक न्याय की व्यापकता थी जो सर्वोपरि थी। इन सन्तों ने ख़ुद को अकेला 'दूसरा पक्ष' नहीं माना बल्कि विविध 'दूसरा पक्ष' माना हालाँकि अपने उपदेशों के ज़रिये वे जुड़े हुए थे।

विविधता स्पष्ट है, उदाहरण के लिए, भक्ति के प्रति विविध प्रकार के रुख़, जैसी कि कश्मीर की ललद्यद और पंजाब के गुरु नानक के दोहों व भजनों में है। ललद्यद शिव भक्त थीं लेकिन इसने उन्हें नन्द ऋषि के नाम से प्रसिद्ध सूफ़ी शायर शेख़ नूरुद्दीन से प्रेरणा लेने से नहीं रोका। नानक के दोहे बाबा फ़रीद सरीखे सूफ़ी सन्त के अलावा कबीर, रविदास आदि से भी प्रेरित थे जिन्हें उन्होंने उद्धृत भी किया है। इस आदान-प्रदान, उधार और आन्तरिकीकरण ने उस समय के चिन्तन को गहराई से समृद्ध

किया और तत्कालीन सवालों के जवाबों की ओर संकेत भी किया। जिन्हें पूजा के योग्य माना गया उनका स्थान निर्धारित करने और ऐतिहासिकता का स्पर्श प्रदान करने की कोशिश भी की गई। राम के जीवन-चरित को अयोध्या की भूमि में ढूँढ़ा गया और 'अयोध्या महात्म्य' में दर्ज किया गया जबकि वृन्दावन और उसके आसपास के क्षेत्र को कृष्ण के जीवन में घटी घटनाओं से जोड़ा गया। इसके साथ इन स्थानों के तीर्थस्थलों में परिवर्तित होने का संयोग जुड़ा था और ऐसे परिवर्तनों ने तीर्थों की वकालत करने वालों को काफ़ी समृद्ध किया।

इसके बाद मानो बाढ़-सी आ गई जिसने कई को डुबो दिया। यह कृष्णभक्ति की अपार लोकप्रियता थी जो कृष्ण के प्रति भक्ति और राधा-कृष्ण की उपासना के ज़रिये सामने आई। कृष्ण वासुदेव कई वैष्णव सम्प्रदायों के केन्द्र में रहे। दो प्रमुख ग्रन्थों ने इसका महत्त्व और बढ़ाया—पहला विष्णु को समर्पित और पौराणिक ग्रन्थ की परम्परा में रचित 'भागवत पुराण' जिसमें कृष्ण-भक्ति के बारे में बहुत कुछ दर्ज है और दूसरा, साहित्यिक रचना के लिहाज़ से जयदेव का 'गीत गोविन्द' जो कृष्ण और राधा के प्रेम को ऊँचा दर्जा देता है; इसे देवता के प्रति भक्त के प्रेम तथा भक्ति का प्रतीक बताया गया है। इसने जो रूप लिया, वह प्रतीकात्मक भले रहा हो लेकिन यह धर्मशास्त्र में दर्ज सामाजिक आचार-संहिता की परम्परा का उल्लंघन था। पूजन-प्रक्रिया के रूप में भक्ति के साथ आवेग तीव्र बना रहा। कृष्णभक्ति भक्ति सन्तों के एक दूसरे समूह का केन्द्र बन गई जो आस-पास के थे, मसलन चैतन्य, एकनाथ, सूरदास और मीरा आदि। यह 16वीं सदी में एक सांस्कृतिक मुहावरे के तौर पर प्रचलित था जो इसे अन्य अर्थ भी देता है।

वे जो भक्ति रूपी इस नये मुहावरे द्वारा ख़ुद को अभिव्यक्त कर रहे थे उनकी अभिव्यक्ति किसी एक देवता के प्रति प्रेम और भक्ति से कहीं अधिक थी। सबसे महत्त्वपूर्ण बात यह है कि ऐसा वे अपनी व्यक्तिगत क्षमतानुसार कर रहे थे। पूजा की स्थापित पद्धतियों को देखते हुए लगता

है कि इनमें भी असहमति का एक तत्त्व विद्यमान था। भक्त अपनी पसन्द के अनुसार किसी भी सन्त देवता की पूजा या अनुपालन करता था। यह उस त्यागी सन्त की याद दिलाता है जो अपनी पसन्द से ऐसा बना था, भले ही उसकी पूजा का उद्देश्य पूरी तरह भिन्न हो।

राधा-कृष्ण की युगल जोड़ी की पूजा-अर्चना करने वाले कई सम्प्रदायों में राधा का केन्द्र में होना महिलाओं की उपस्थिति को सुनिश्चित करता है। इस बात से अनभिज्ञता जाहिर नहीं की जा सकती क्योंकि मंदिरों में देवताओं के साथ देवियों की प्रतिमाएँ भी मौजूद थीं। लेकिन राधा की भूमिका निश्चित रूप से काफ़ी अलग थी जिसका सम्बन्ध प्रेम और भक्ति के मिले-जुले रूप की भक्ति का था। अधिक प्रभावकारी देवियों ने शक्ति पर अक्सर हिंसा और बल के माध्यम से नियंत्रण किया। राधा, दुर्गा के समान नहीं थीं।

ललद्यद और मीराबाई जैसी कई सम्मानीय महिला सन्त हुईं—दक्षिण भारत की महिला सन्तों की तो चर्चा ही व्यर्थ है जिनकी असहमति एक तरह से दोहरी असहमति बन गई। दरअसल, उन्होंने अपने विचारों और कार्यों के खुलेपन को सामाजिक रूप से छिपाया नहीं, यही कारण है कि उनके मार्ग में अनेक बाधाएँ आईं जिन्हें उनको पार करना पड़ा। उपदेशक के रूप में उनकी स्वीकृति इतनी सहज नहीं थी। वे ऐसी महिलाएँ थीं जो भक्ति के बारे में उपदेश दे रही थीं और भक्ति गीत गा रही थीं। यह एक नई आस्था-पद्धति थी जिसका प्रचार पुरुष सन्तों द्वारा खुले तौर पर किया जा रहा था, जो असहमति का ही एक रूप था लेकिन चूँकि वे महिला होने के तथ्य पर ज़ोर दे रही थीं, ऐसा करने के लिए स्वीकृति की आवश्यकता थी। जब मीराबाई ने, जिनका सम्बन्ध उच्च जाति के राजपूत परिवार से था, कृष्ण (देवता) के प्रति अपनी भक्ति के कारण अपने पति को स्वीकार करने से इनकार कर दिया तो उन्हें इतनी तीव्र असहमति या विरोध का सामना करना पड़ा कि उन्होंने आत्म-निर्वासन यानी संन्यास स्वीकार कर लिया। उनके उपदेशों और कार्यों ने समाज में उनके प्रति

अस्वीकृति को काफ़ी बढ़ावा दिया। लेकिन उनके भजन काफ़ी लोकप्रिय हुए क्योंकि उन्होंने अधीनस्थों यानी महिलाओं और निचली जातियों की पीड़ा व्यक्त की और उनकी आवाज़ बनीं।

इन सन्तों से अलग-अलग धार्मिक और सामाजिक पृष्ठभूमि से आए कई उपासक और कवि-गायक जुड़े हुए थे, लेकिन आज जब हम भक्ति की चर्चा धार्मिक या सामाजिक अभिव्यक्ति के रूप में करते हैं तब इन सबकी अनदेखी कर देते हैं। आरम्भ में इन सन्तों के इर्द-गिर्द अलग-अलग धार्मिक मतों के अनुयायी भी जुटते थे जिनमें अमीर ज़मींदार परिवार से आए रसखान और मुगल शासन के ऊँचे ओहदेदार अब्दुर्रहीम खानखाना भी शामिल थे। चैतन्य के एक महत्त्वपूर्ण यवन शिष्य ने अपना नाम हरिदास रखा। वे, 'जबन हरिदास' के नाम से प्रसिद्ध थे क्योंकि बांग्ला में यवन को जबन कहते हैं। कुछ बाद में आए बुल्ले शाह, मलिक मुहम्मद जायसी, सय्यद मुबारक अली बिलग्रामी सरीखे कुछ सूफ़ी शायरों ने कृष्ण के प्रति अपनी भक्ति की अभिव्यक्ति के लिए उत्कृष्ट भक्तिभावपूर्ण कविताओं की रचना की। प्रेम पर विशेष ज़ोर ने सूफी मत में दिलचस्पी रखने वालों को आकर्षित किया होगा। ये रचनाएँ आज भी कई उत्सवों में हिन्दुस्तानी शास्त्रीय संगीत के पदों में गाई जाती हैं और इनके साथ नृत्य भी होता है। अन्ततः उनके बारे में कहा गया कि इन यवनों ने इस भक्ति के ज़रिये मोक्ष की प्राप्ति की।

मैं कोई नई बात नहीं कह रही हूँ। इससे उन कालखंडों के इतिहास और कविता तथा संगीत से जुड़े लोग अच्छी तरह परिचित हैं—दरअसल, इसे मध्ययुगीन उत्तर भारत में व्याप्त संस्कृति की धारा कहा जा सकता है। लेकिन भक्ति पर होने वाले सार्वजनिक विमर्श में इसे शायद ही जगह मिलती है जिसकी कुछ वजह यह है कि भक्ति की धारा को 'दूसरे पक्ष' के रूप में देखा जाता है और इसकी कई रचनाओं में असहमति का जो स्वर है उसकी शायद ही चर्चा की जाती है। ज़्यादा ध्यान इन रचनाओं को अधिक स्थापित धर्मों में पारम्परिक उपासना के लिए ज़रूरी मानने

पर दिया जाता है। जिस सवाल का पर्याप्त जवाब नहीं दिया गया है वह यह है कि उत्तर भारत के इतिहास के उस क्षण में कृष्ण भक्ति का इतना उभार क्यों आया और आज जिन्हें हम औपचारिक धर्मों के नाम से जानते हैं उनमें से तमाम तरह के लोग इसकी ओर क्यों आकर्षित हुए? ये नए क़िस्म की आस्थाएँ कैसे बनीं, जिन्होंने पहले की धार्मिक, भौगोलिक, जातीय और भाषायी सीमाओं को तोड़ा? इस तरह की असहमति को प्रोत्साहन कहाँ से मिला—शुरू में तो यह असहमति ही थी? इसका क्या महत्त्व था?

एक स्वाभाविक प्रश्न यह है कि ऊँचे दर्जे के मुसलमान, जिन्हें महत्त्वहीन नहीं माना ज़ा सकता, ने कृष्ण-भक्ति से ओत-प्रोत रचनाएँ क्यों की? आधुनिक इतिहासकारों ने उन्हें मुस्लिम वैष्णव कहा, लेकिन वे अपने को ऐसा नहीं कहते थे। वे अपने को कृष्ण-भक्त कहते थे। उनकी मंशा उनकी पहचान की ओर इशारा करती थी और शायद धार्मिक भक्ति से भी ज़्यादा कुछ अधिक प्रतिबिम्बित करती थी। यह ठोस क़िस्म का सांस्कृतिक संकेतक था लेकिन इस पर हम शायद ही ध्यान देते हैं। इसकी कुछ वजह यह हो सकती है कि भारतीय संस्कृति की समकालीन परिभाषा संकीर्ण क़िस्म की है, जिसमें से वे पहलू बाहर कर दिये गए हैं जो सहमति और असहमति के व्यापक आयामों को सामने लाते हैं, और किसी भी संस्कृति के निर्माण में अपरिहार्य हैं।

हम प्रायः यह भूल जाते हैं कि संस्कृतियों का विकास समुदायों के जीवनकाल में कई धाराओं के मेल से होता है और वे कई प्रवृत्तियों के मिश्रण को प्रतिबिम्बित करती हैं। कोई भी संस्कृति अपने मूल में एकल नहीं होती है। संस्कृति तब अपना स्वरूप ग्रहण करती है जब धाराएँ एक-दूसरे में अच्छी तरह समाहित हो जाती हैं। हम इस तथ्य की अनदेखी कर देते हैं कि मुगल-राजपूत गठबन्धन के कई पहलू थे, जिनमें से राजनीतिक पहलू स्पष्ट था। उदाहरण के लिए, आमेर के कछवाहा राजपूतों की सूर्यवंशी क्षत्रियों के रूप में विख्यात एक से ज़्यादा पीढ़ियों

ने अपनी बेटियों की शादी मुगल शाही घराने में की और उन्हें धर्मांतरण नहीं करना पड़ा, उन्हें तुरुष्क कहा गया। इसी कारण मुगल शाही घराने में राजपूतों और उनकी प्रथाओं के लिए जगह बनी। मुस्लिम कट्टरपन्थियों द्वारा इसे ग़ैर-मुस्लिमों द्वारा की गई अवज्ञा के रूप में देखा गया होगा, और रूढ़िवादी ब्राह्मणों ने भी इसे अस्वीकार किया होगा।

वृन्दावन में अपने समय में बने विशाल मन्दिरों से अलग, इंडो-फ़ारसी स्थापत्य कला के अनुसार बनाए गए गोविन्ददेव मन्दिर को औरंगज़ेब ने जो संरक्षण दिया वह राजपूत-मुगल मिश्रण की मिसाल है। इस संयुक्त संरक्षण ने निस्सन्देह वृन्दावन को कृष्ण-भक्ति का जीवन्त केन्द्र बनाने में मदद की। यह वैवाहिक सम्बन्धों से अधिक बड़ी चीज़ थी। इसके राजनीतिक निहितार्थों का ज़िक्र न भी करें तो यह नई पहचान की तलाश उसे एक स्वरूप और वैधता देने की बात कर रही थी। कृष्णभक्ति जहाँ कछवाहों और मुगलों के संरक्षण से जुड़ी थी वहाँ यह दोनों की राजनीतिक संस्कृति को भी छू रही थी और इसकी गतिविधियों ने एक अलग आयाम प्राप्त किया। क्या जब सामंजस्य को राजनीतिक दृष्टि से ज़्यादा लाभप्रद माना जाता है तो असहमति धीरे-धीरे उसके लिए रास्ता खोल देती है?

पौराणिक हिन्दू धर्म अब उस स्तर पर पहुँच गया था जब वह भक्ति के कुछ स्थानीय आयामों को अपना रहा था, और इसलिए क्षेत्रीय पन्थों को समाहित कर रहा था, जो कभी-कभी दूसरे स्तर पर सम्प्रदायों में बदल जाते थे। उदाहरण के रूप में ओड़िसा के जगन्नाथ की उपासना को लिया जा सकता है, जिसकी शुरुआत इस क्षेत्र में आदिवासी उपासना से हुई थी; विट्ठल की भक्ति का नाम लिया जा सकता है जिसकी शुरुआत महाराष्ट्र में युद्ध नायक की प्रतिमा के पूजन से हुई; सिन्ध में प्रसिद्ध हिंगलाज माता का नाम लिया जा सकता है जिन्हें घुमन्तू मवेशीपालकों और व्यापारियों में विशेष महत्त्व दिया जाता है; और सुन्दरवन की वनदेवी 'बोनबीबी' आदि का नाम लिया जा सकता है। कुछ को पौराणिक हिन्दू

धर्म से जोड़ दिया गया, दूसरों की पहचान उसके मुक़ाबले में खड़े पन्थों के रूप में थी। यह तो स्पष्ट है कि वे स्थानीय पन्थ थे क्योंकि उनके अनुयायी मुख्यत: एक विशेष इलाक़े से होते थे, और उस पन्थ को दूसरे क्षेत्रों में कम जाना जाता था। प्रारम्भिक पन्थों के कृष्ण और राम सरीखे पुराने नायकों के प्रति व्यापक आकर्षण और प्रभाव भी तब और बढ़ा जब साहित्यिक और धार्मिक ग्रन्थ व्यापक पाठकों को उपलब्ध कराए गए। उन्होंने विभिन्न तरह के अनुयायियों को आकर्षित किया क्योंकि यही कारण है कि इन कथाओं के कई संस्करण सामने आए। इन अलग-अलग संस्करणों पर स्थानीयता का विशेष प्रभाव था जिसने उन्हें व्यापक क्षेत्र से जोड़ा। कभी-कभी स्थानीय संस्करणों की कथा स्थापित ग्रन्थ की कथा से बिलकुल विपरीत होती थी।

आइए, अब उस समय उपस्थित दूसरी परिस्थिति पर नज़र डालें यानी मुस्लिम जो हमेशा से 'दूसरा पक्ष' थे अपने धर्म इस्लाम तक सीमित थे। यहाँ तक कि उपलब्ध स्रोतों पर सरसरी नज़र भी डालें तो पता चलता है कि उस समय की भारतीय सामाजिक संरचना के भीतर, जिसे सहमति या असहमति, समझौता या टकराव कहा जा सकता है, वे हमारे अनुमान से भी ज़्यादा जटिल मामले थे। यह कोई नई बात नहीं थी बल्कि जैसा हमने प्रारम्भिक इतिहास में देखा है, यह स्थापित समुदायों में भी विद्यमान थी। महत्त्वपूर्ण बात अलग-अलग स्तर की सहमति और असहमति की ओर संक्रमण को पहचानना और यह पूछना है कि यह अलगाव की क्या दिशा निर्धारित करता है।

आज हम इस्लाम का ज़रा भी स्पर्श पाई किसी भी चीज़ पर जिस तरह मुस्लिम का ठप्पा लगा देते हैं वह पहले कभी-कभार ही लगाया जाता था और वह भी विशेष सन्दर्भ के साथ। आज हम प्राय: इस बात की अनदेखी कर देते हैं कि तब आज की तरह ग़ैर-मुस्लिम लोग मुसलमानों पर एकमात्र 'मुस्लिम' का ठप्पा नहीं लगाते थे। उन दिनों संस्कृत आदि के ग्रन्थों में उन्हें प्राय: यवन, शक या तुरुष्क कहा गया है। ये विशेषण

स्थानिक हैं, धार्मिक नहीं। दिलचस्प बात यह है कि ये पहले के इतिहास से भी जुड़ते हैं। यवन शब्द यूनानियों और पश्चिम से आने वालों के लिए इस्तेमाल होता था, इसलिए इसे अरबों के लिए और बाद में किसी विदेशी या पश्चिमी देशवाले के लिए इस्तेमाल किया जाने लगा, जैसे कि महारानी विक्टोरिया के लिए। प्राचीन शक मध्य एशिया के सीथियन थे, जो तुरुष्कों की भी मातृभूमि थी। मध्य एशिया से तुरुष्कों का जुड़ाव इतना मज़बूत था कि 11वीं सदी में कल्हण ने जब 'राजतरंगिणी' की रचना की तो उसमें बताया कि पहली सहस्राब्दी ईस्वी में आने वाले कुषाण तुरुष्क थे जो मध्य एशिया से भारत आए। इसलिए ये अरबों, अफ़ग़ानों, तुर्कों और मुगलों के लिए (जो इन क्षेत्रों से आए थे) ऐतिहासिक रूप से प्रामाणिक नाम थे। इससे यह संकेत भी मिलता है कि इन्हें पहले के लोगों का वंशज माना जाता था, जैसे कि असल में कुछ लोग ऐतिहासिक रूप से थे भी। हिन्दू और मुस्लिम के विशेषण, जो विशाल धर्मों से जुड़े लोगों को सन्दर्भित करते हैं, काफ़ी बाद में आए।

लेकिन कुछ तुरुष्कों को कभी-कभी संस्कृत के स्रोतों में 'म्लेच्छ' नाम दिया गया है, जिसका इस्तेमाल या तो अपमानसूचक होता था, या अन्तर स्पष्ट करने के चलताऊ ज़िक्र के रूप में होता था। उदाहरण के लिए, दिल्ली के सुल्तान मुहम्मद बिन तुग़लक ने जब दक्कन में एक जंग जीती तो पराजित राजा ने एक काकतीय शिलालेख पर संस्कृत और तेलुगू में उसे ब्राह्मणों के हत्यारे व ख़ौफ़नाक शख़्स के रूप में वर्णित किया है जिसने ब्राह्मणों को मारा, मन्दिरों को तोड़ा, ब्राह्मणों की ज़मीन हड़प ली और किसानों को लूटा। शराब पी और गोमांस खाया। इस तरह, जब भी नकारात्मक वर्णन की ज़रूरत पड़ती थी यह मुसलमान राजाओं की बुरी छवि पेश करने का तरीक़ा बन गया था। इसमें एक सहस्राब्दी पहले के 'युग पुराण' में काले यवनों के वर्णन की अनुगूँज सुनाई देती है, जब हिन्द-यूनानी का ज़िक्र आपत्तिजनक रूप में किया जाता था। हो सकता है कुछ यवनों द्वारा बौद्ध धर्म को संरक्षण दिया जाना ही शिकायत का कारण

रहा हो। 18वीं सदी में यही बात मराठों पर लागू हुई। बांग्ला 'महाराष्ट्र पुराण' में मराठा आक्रमणकारियों को गायों तथा ब्राह्मणों का हत्यारा कहा गया है—लगता है कि यह बात कभी-कभी अनपेक्षित परिस्थितियों में गहरी दुश्मनी ज़ाहिर करने के लिए भी कही गई।

लेकिन यदि पुनः तुग़लकों की बात करें तो दूसरी जगहों के शिलालेख उसी व्यक्ति का भिन्न आकलन करते हैं। मुहम्मद बिन तुग़लक के शासनकाल में एक हिन्दू व्यापारी द्वारा दिल्ली के क़रीब स्थापित एक संस्कृत शिलालेख तुग़लक शासकों की प्रशंसा से भरा हुआ है। इसमें उन्हें तोमर और चौहान राजपूतों का ऐतिहासिक उत्तराधिकारी बताया गया है लेकिन उनमें से एक को 'म्लेच्छ' कहा गया है। ज़ाहिर है, यहाँ इसका इस्तेमाल दूसरे अर्थ में यानी भाषा की भिन्नता के अर्थ में किया गया है, अपमानजनक रूप में नहीं, क्योंकि उसी शिलालेख में तुग़लक शासकों की प्रशंसा भी की गई है। वैसे भी, सुलतान के लिए द्वेषपूर्ण शब्द का प्रयोग करने की हिम्मत कौन करेगा?

वैसे, इन पहचानों के साथ प्रायः आशंकाएँ जुड़ी ही रही हैं। उदाहरण के लिए, 13वीं सदी के 'बृहदधर्म पुराण' की चिन्ता यह है कि यवन वर्णाश्रम धर्म संहिता को नष्ट कर देंगे, जिस पर जाति-व्यवस्था के ब्राह्मणवादी दृष्टिकोण का वैचारिक आधार टिका है; और जो कुछ लागू है उसकी जगह वे अपने देवताओं, ग्रन्थों और उपदेशों को थोप देंगे। ब्राह्मणवादी दृष्टि से वर्ण-व्यवस्था का बने रहना बेहद महत्त्वपूर्ण था।

इन समुदायों के 'दूसरेपन' को जटिल बनाने वाली बात यह है कि उन्हें एक वर्ग में नहीं रखा जा सकता। उनके कई 'स्व' भी थे। यवनों की इस श्रेणी में अरब सबसे पुराने रहे होंगे जो इस्लाम की स्थापना से पहले भी समुद्रतटीय भारत के साथ व्यापार कर रहे थे। बाद में भी वे मुस्लिम व्यापारी के रूप में व्यापार करते रहे और प्रायद्वीप के पश्चिमी और पूर्वी, दोनों तटों पर बस गए। उनके बसने और स्थानीय जनजीवन में भागीदारी की बातें शिलालेखों में दर्ज हैं। इन लोगों की इस भागीदारी

ने बाद में इनके और स्थानीय लोगों के बीच विवाह-सम्बन्ध का रूप ले लिया, यहाँ तक कि राष्ट्रकूट शासकों के शासनकाल में इनमें से कुछ ने स्थानीय शासन में उच्च पद भी हासिल किये। एक मामला ऐसा भी है जिसमें पश्चिम भारत के एक ज़िले के एक अरब क्षत्रप/गवर्नर ने राष्ट्रकूट शासक की ओर से एक ब्राह्मण को ज़मीन आवंटित की।

अन्ततः ये बस्तियाँ नये क़बीलों और धार्मिक पन्थों के साथ-साथ व्यवसायों का केन्द्रबिन्दु बनीं, और इस्लामी और विभिन्न स्थानीय हिन्दू व जैन सम्प्रदायों की आस्थाओं तथा प्रथाओं के मिश्रित रीति-रिवाज़ों का पालन प्रतिबिम्बित किया। इस तरह, पश्चिमी भारत में बोहरा और खोजा; सुदूर दक्षिण में नवायत और केरल में मापिल्ला उभरे; साथ ही बंगाल में कोई दूसरे। जैसा कि बताया गया है, अरब सागर के पार भी व्यापार जारी था, इसलिए बोहरा और खोजा समुदाय पश्चिम एशिया में भी थे, मसलन यमन और पूर्वी अफ्रीका में। स्थापित धार्मिक विश्वासों व रीति-रिवाज़ों की कड़ी का हिस्सा होते हुए भी अपने प्रति किये गए भेदभाव तथा मौजूदा धर्मों से निकटता या दूरी के अनुसार काफ़ी हद तक ये सम्प्रदाय वैयक्तिक भिन्नता को दर्शाते हैं। शुरू में वे अपने-अपने पेशे से जुड़े अलग-अलग समूह थे, जिनमें कई स्रोतों से सांस्कृतिक तत्त्व शामिल थे। क्या ख़ुद को स्थापित धर्मों से दूर रखकर उन्होंने स्थापित धर्मों के प्रति असहमति व्यक्त की थी?

इस विशेष 'दूसरेपन' को दूसरा आयाम न केवल उसके मूल सूत्र प्रदान करते हैं बल्कि इसके कई 'स्व' भी हैं। हम यह सवाल उठा सकते हैं कि क्या जहाँ भी ऐसे मुस्लिम समुदाय बसे थे वहाँ उच्च जाति के हिन्दू सभी मुसलमानों को 'म्लेच्छ' मानते थे? कई स्पष्ट कारणों से ऐसा नहीं था। तटीय क्षेत्रों में बसे अरब मूल के समुदायों के बीच अन्तर जो थे वे उन क्षेत्रों और समाजों या जिनसे उन्होंने अन्तर्विवाह किये, को प्रतिबिम्बित करते थे, वे दूसरों को अपने समान नहीं मानते थे हालाँकि उनमें भी इस्लामी तत्त्व मौजूद थे। स्थानीय सांस्कृतिक पहचान ने विभिन्न

तरीक़ों से अपनी छाप छोड़ी। उदाहरण के लिए, गुज़रात का बोहरा समुदाय ख़ुद को केरल के मापिल्ला से भिन्न मानता था। क्या इस्लामिक रूढ़िवादियों द्वारा ऐसे समुदाय असहमत और ग़ैर-इस्लामी समझे जाते थे या वे स्वीकृत थे?

सल्तनत और मुगल शासन के कुछ सबसे महत्त्वपूर्ण आधिकारिक पदों पर राजपूत, ब्राह्मण, और कायस्थ सरीखी ऊँची हिन्दू जातियों और जैन समुदाय के व्यक्ति थे। पहले समूह को तत्कालीन समाज में प्रतिष्ठा हासिल थी और दूसरे समूह को भी ऊँचे ओहदे प्राप्त थे। साम्राज्यों का शासन परम्परागत रूप से कायस्थों के हाथ में होता था, और जैनों को ख़ासतौर पर व्यापार और वित्त सम्बन्धी मामलों में कुशल माना जाता था। सामाजिक दूरी सम्भवतः जातिगत अन्तर पर निर्भर रही होगी इसलिए दरबार में उच्च जातियों का वर्चस्व था। स्थानीय प्रशासन मुख्यतः स्थानीय भद्रलोक के हाथ में था, जिसमें कुछ सर्वेक्षकों को आधिकारिक तौर पर नियुक्त किया जाता था। जाति के अनुसार वे जिन शासकों की सेवा करते थे, वे 'म्लेच्छ' होते थे लेकिन यह कोई समस्या महसूस नहीं होती थी, या फिर उसे नज़रअन्दाज़ कर दिया जाता था, और कौन किससे असहमत था, यह एक प्रमुख विवादास्पद समस्या बन जाती थी।

सम्भव है कि समाज में निचले पायदान के लोग अपने पेशे की माँगों और धर्म के मामले में लचीलेपन के कारण सभी पक्षों के साथ आसानी से घुल जाते हों। धार्मिक पर्व-त्योहार ऐसे मौक़े होते थे जो सिर्फ़ पेशेगत निर्भरता से परे आपस में मिलकर मनाए जाते थे। इसी तरह, स्थानीय स्तर के सन्तों और पीरों की पूजा भी मिलकर की जाती थी। इस तरह, असहमति धर्म-परिवर्तन से ज़्यादा जटिल मामला बन जाता है। धार्मिक अनुष्ठानों या परम्पराओं की चकाचौंध के नीचे छिपा दिये जाने के बाद भी क्या सामाजिक अवधारणाएँ ज़्यादा बड़ी समस्या पैदा करती हैं?

सवर्णों और अवर्णों के बीच की सामाजिक दूरी में कोई परिवर्तन होने वाला नहीं था और यह दूरी उन लोगों के बीच भी बनी रही जिन्होंने

इस्लाम धर्म अपनाया या जो सिख बन गए। सैद्धान्तिक रूप से, इन धर्मों ने जाति के भेदों को नहीं अपनाया लेकिन फिर भी ऊँची और नीची जातियों के बीच दूरी बनी रही। दलितों का बहिष्कार चलता रहा क्योंकि उनका धर्मान्तरण तो हुआ मगर जाति से मुक्ति नहीं मिली। अल्लाह की नज़रों में भले ही सबसे निचली जातियों के लोग भी ऊँची जातियों के लोगों के बराबर थे, लेकिन ऊँची जातियों के लोगों की नज़र में ऐसा नहीं था, चाहे वे किसी भी धर्म का पालन करते हों। निचली जातियों और अवर्णों में से उभरे भक्तों के उपदेशों में औपचारिक सामाजिक संहिताओं से असहमति का एक सामाजिक सन्देश उभरता है, जिसे हम सबको सुनना चाहिए।

जो कृष्ण-भक्त जन्म से मुसलमान थे उन्हें 'स्व' की दो श्रेणियाँ 'दूसरे पक्ष' के रूप में देखती थीं। रूढ़िवादी इस्लाम के क़ाज़ी और मुल्ला उन्हें बिलकुल उसी तरह ख़ारिज करते थे जैसे रूढ़िपन्थी ब्राह्मण। कभी-कभी क़ाज़ियों ने वार्ता के ज़रिये भक्तों को अपने पक्ष में लाने की कोशिश की लेकिन वे इसमें शायद ही सफल हुए। यह तब तक चला जब तक औपचारिक धर्मों के लिए उनके कुछ उपदेशों को अपनाना आसान नहीं हो गया। इसलिए, 'दूसरे पक्ष' और 'स्व' में से किसी का भी ज़िक्र जब अलग ऐतिहासिक सन्दर्भ में किया जाए तो उन्हें बड़ी सावधानी से परिभाषित करने की ज़रूरत है। पहचानों को स्पष्ट करने के लिए यह ज़रूरी हो सकता है, ख़ासकर तब जब कोई घालमेल हो।

इस स्थिति पर एक दिलचस्प टिप्पणी 16वीं सदी के एक अति प्रतिष्ठित दार्शनिक मधुसूदन सरस्वती के संस्कृत ग्रन्थ 'प्रस्थान भेद' में की गई है। इसमें तत्कालीन दार्शनिक धाराओं का विवरण दिया गया है। जहाँ तक इसमें धर्म पर की गई टिप्पणी की बात है उससे यही स्पष्ट होता है कि सभी पन्थों ने विशाल हिन्दू धर्म को स्वीकार नहीं किया था। यहाँ तक कि इसमें अस्वीकार करने वालों का भी उल्लेख मिलता है, जैसे बौद्ध, जैन, चार्वाक और तुरुष्कों का भी। उनकी टिप्पणी से स्पष्ट है कि वे ख़ुद को हिन्दू नहीं बल्कि ब्राह्मण के रूप में परिभाषित करते

हैं। उनके मुताबिक दार्शनिक और धार्मिक विचारों में एक बड़ा अन्तर वैदिक और अ-वैदिक में अन्तरों पर आधारित है। वे आस्तिक/नास्तिक की प्राचीन परिभाषाओं का प्रयोग करते हैं। वे बौद्ध, जैन, चार्वाक पन्थों को अ-वैदिक बताते हैं और इस सन्दर्भ में तुरुष्कों (जिन्हें आज हम मुस्लिम कहते हैं) के उपदेशों को भी उन्हीं के समान मानते हैं। ऐसा क्यों? क्योंकि वे सब नास्तिक थे।

बौद्ध, जैन, चार्वाक पन्थों के लिए यह उन्हीं बातों की पुनरावृत्ति है, जो कई सदी पहले उनके बारे में ब्राह्मण लेखक कह चुके हैं। श्रमण बौद्ध और जैनी थे और वे उच्च जातियों के लेखकों की कुछ रचनाओं का विरोध कर चुके थे। संस्कृत के कुछ नाटकों में जैन सन्त के आगमन को अपशकुन बताया गया है। इन तीनों के साथ मधुसूदन सरस्वती चौथा नाम तुरुष्कों का जोड़ते हैं। पहले तीन चूँकि किसी देवी-देवता में विश्वास नहीं करते थे इसलिए उन्हें नास्तिक कहना ग़लत नहीं था लेकिन तुरुष्क तो एक देवता, यानी अल्लाह में आस्था रखते थे। चूँकि अल्लाह का ज़िक्र वेद या पुराण में वर्णित देवी-देवताओं में नहीं मिलता था, इसलिए वे भी अस्वीकार्य थे। और दिलचस्प बात यह है कि लेखक ने चारों को 'म्लेच्छ' कहा है। सम्भवत: भक्ति सम्प्रदाय वालों को कम-से-कम उनसे जो पौराणिक देवताओं की पूजा करते हैं, अलग नहीं किया गया, हालाँकि वे वैदिक देवी-देवताओं के बारे में बहुत कम बोलते हैं या बिलकुल नहीं बोलते।

वह बात जिस पर अब कुछ ध्यान दिया जाने लगा है, हालाँकि यह बहुत पहले अपेक्षित था, वह है भक्ति और सूफ़ी उपदेशकों के बीच संवाद। उपासना के एक स्वरूप के तौर पर भक्ति और निराकार ईश्वर के प्रति प्रेम पर ज़ोर ने उन्हें क़रीब किया है। लेकिन इन्हें जिस तरह प्रस्तुत किया गया, उसमें अन्तर था। उनमें से कुछ में असहमति का सन्देश था, जबकि दूसरों में यह नहीं था या कम अनुपात में था। कुछ ने मठों की व्यवस्था स्थापित करने या उसके समानान्तर संगठन बनाने की कोशिश

की क्योंकि इससे संस्थागत आधार मिलता था, और यह सत्ताधीशों से व्यक्तिगत अनुयायियों के मुक़ाबले ज़्यादा दृढ़ता से बात कर सकता था। जहाँ सम्पत्ति का मामला था वहाँ उत्तराधिकार का मामला प्रमुख हो जाता था। प्रत्येक के समर्थक चारों ओर फैल जाते थे और फिर कई तरह के पन्थ उभर आते थे जिनमें से कुछ में काफ़ी वैचारिक और व्यावहारिक नज़दीकी थी, जबकि कुछ दूरवर्ती थे।

धर्मों का उद्भव और विकास तत्कालीन आस्थाओं और प्रथाओं से होता है। इन्हें एक तरह के अनुशासन में ढाला जा सकता है या वे विचार के रूप में मुक्त रूप से उपलब्ध हो सकते हैं। ऐसी स्थितियों में नये धार्मिक विचार उदात्त हुआ करते हैं। इसे दूसरी सहस्राब्दी में उभरे पन्थों में देखा जा सकता है। इस सम्बन्ध में लोग 'प्रभाव' शब्द के प्रयोग से परहेज़ करते हैं क्योंकि इसे अक्सर ग़लती से एक के ऊपर दूसरे के वर्चस्व के रूप में लिया जाता है, और 'सामंजस्यपूर्ण' शब्द से द्वंद्व का संकेत उभरता है। लेकिन चयन की स्वतंत्रता, जो कि भक्ति सन्तों की विशेषता है, मूलतः उदारता की परिचायक है। कहने की ज़रूरत नहीं है कि जो ऐतिहासिक सन्दर्भ विभिन्न आस्थाओं को नज़दीक लाते हैं उन पर भी विचार किया जाना चाहिए। उदार बनने का अर्थ यह है कि ऐसे स्पष्ट भिन्न तत्त्व थे जिन्हें नई धार्मिक अभिव्यक्तियों को परिभाषित और उनकी पहचान करने के लिए सोच-समझकर चुना गया। कोई पन्थ किसी विशेष औपचारिक धर्म का हिस्सा है या नहीं, इसको लेकर बहस ज़रूरी नहीं है क्योंकि न तो यह उस पन्थ के उपदेशों को समझने और उन पर प्रकाश डालने में मदद करता है, न इसकी हमेशा अपेक्षा की जाती है। इसके बजाय मुद्दे की बात यह समझने की कोशिश करना है कि नये पन्थ के उपदेशकों ने मौजूदा पन्थ के जिन तत्त्वों का चुनाव किया उनका क्या उपयोग किया और नया क्या खोजा।

उस दौर के सबसे ज़्यादा विचारोत्तेजक संवाद वे थे, जो कुछ सूफ़ी सन्तों और कुछ पन्थों के योगियों के बीच हुए। दिलचस्प बात यह है कि

औपचारिक इस्लाम और हिन्दू धर्मों के लिए ये दोनों ही 'दूसरे पक्ष' थे। सवाल किया जा सकता है कि क्या मध्य एशिया से आए सूफ़ी पन्थों के उदारवाद ने उस पुराने समय के आकस्मिक विचारों को ही जारी नहीं रखा, जब मध्य एशिया के कुछ हिस्सों में बौद्ध पन्थों की स्थापना हुई थी, जो बौद्ध धर्म के कुछ विशेष पन्थों के उदार संस्करणों को जन्म दे रहे थे? यह दूसरी सहस्राब्दी के प्रारम्भ में इस्लाम के विस्तार से पहले की बात है। यह भी एक पहेली ही है कि उत्तर भारत और मध्य एशिया दोनों में बौद्ध धर्म का पतन इस्लाम के आविर्भाव से पहले ही शुरू हो गया था। क्या इन दोनों को जोड़ने वाली कोई कड़ी थी?

आपस में जुड़े स्वतंत्र विचारों के व्यापक विस्तार में जो समाज के हाशिए पर रहने वालों की विशेषता बताते हैं और सामाजिक कल्याण और व्यक्तिगत जीवन की गुणवत्ता को बढ़ाने के लिए वैकल्पिक तरीक़ों के बारे में सोचने की स्वतंत्रता की बात करते हैं, उनमें ऐसे लोग भी थे जो किसी एक सम्प्रदाय से थे लेकिन इन समस्याओं पर विचार-विमर्श द्वारा दूसरों से जुड़े थे। भारत में और भारतीय सीमा से परे सभी मंचों पर चलने वाले कुछ संवादों की जड़ें उन चर्चाओं में थीं, जो विभिन्न पन्थों के बीच होती थीं। इसकी एक मिसाल हैं 16वीं सदी में ग्वालियर में जन्मे मुहम्मद घौथ, जो सूफ़ियों के सत्तारी पन्थ से जुड़े थे और नाथ योगियों के मतों से गहरे प्रभावित थे। उन्होंने उनके संस्कृत ग्रन्थ 'अमृत कुंड' का फ़ारसी में अनुवाद ('बह्र-अल-हयात' शीर्षक से) किया। क्या नाथ योगियों के साहित्य में उनकी रुचि केवल बौद्धिक उत्सुकता का मामला था या उसका अनुवाद करते समय उन लोगों की सोच, जिन्होंने असहमति के कुछ तत्त्वों का पोषण किया था, को समझने का प्रयास भी किया गया था।

ꙮ

5. *एक पुनर्कथन*

असहमति पर मेरी अब तक की चर्चा उन समूहों के सन्दर्भ में रही है जिन्होंने उन पहलुओं पर प्रश्न उठाए जिनसे भारत के अतीत में प्रमुख धर्मों और विशेषतः सबसे प्रमुख धर्म का उद्भव हुआ। इसने धर्म द्वारा ग्रहण किये गए कुछ मान्य स्वरूपों के निर्माण में योगदान किया, वे स्वरूप जो धर्म की रूढ़िवादिता और उससे उसके अलगाव को प्रभावित करते हैं। एकल, अखंड तथा समरूप स्वरूप पर ज़ोर देने वाला यह तर्क अनावश्यक रूप से थोपा गया और इसने एक तरह के अंधे मोड़ पर पहुँचा दिया। मैं विविधता तथा बहुलता, और असहमति या सामंजस्य या ऐसी कोशिशों का समर्थन करूँगी, जिन्हें धर्मों और समाजों के आपसी संवाद के इतिहास में अब जाकर मान्यता दी जा रही है क्योंकि भारत के धर्मों पर चर्चा करते समय यह कहीं अधिक महत्त्वपूर्ण है। मुझे लगता है कि इनके भीतर हुए सुधारों को ज़्यादा बेहतर तरीक़े और सूक्ष्मता से समझा जा सकता है यदि उन्हें उन पन्थों या सम्प्रदायों के माध्यम से समझने की कोशिश की जाए जिनकी उत्पत्ति उनके द्वारा हुई और जो उनके विचारों और गतिविधियों का प्रतिनिधित्व करते हैं। भारतीय सन्दर्भ में अब्राह्मिक धर्मों और उनके समाजों के बीच के सम्बन्धों के ढाँचे में असहजता है जिसका कारण समाजों की संरचना में अन्तर है।

मैं कहना चाहती हूँ कि धर्म के एक विशाल और समरूप स्वरूप पर ज़ोर न देने के कारण ही असहमति ने एक स्वरूप हासिल किया, जो वह कुछ हद तक आज भी हासिल कर रही है। टकराव हुए, जिनमें से

कुछ हिंसक हुए, और आज भी हो रहे हैं। भारतीय समाज में जो तीखे सामाजिक भेद हैं उनके कारण यह कोई आश्चर्य की बात नहीं है। फिर भी, चूँकि असहमति की अन्तरधाराओं को एक-दूसरे के रू-ब-रू करने और उन्हें मौक़ा तथा जगह देने की सम्भावना रहती है इसलिए टकराव में लचीलापन रहता है। इसके लिए हमें हिन्दू धर्म को एक एकल सतत प्रभावी संस्थान के रूप में नहीं बल्कि नये-नये स्वरूप ग्रहण करते अलग-अलग संस्थानों के रूप में देखना होगा जिनमें से कुछ संस्थान पूर्व के संस्थान के साथ जुड़े होते हैं लेकिन कई ऐसे भी हैं जो पन्थों की बहुलता के बीच आपस में एक-दूसरे के मुक़ाबले में बने रहते हैं। इसलिए, इन पन्थों का विभिन्न समुदायों और आपस में एक-दूसरे के रू-ब-रू होना विशाल आकार वाले अखंड धर्मों के आपस में रू-ब-रू होने से अलग तरह का हो सकता है। भारत में धर्मों को केवल विशाल अखंड धर्मों के परिप्रेक्ष्य से देखना, जिनके बीच समय-समय पर सह-अस्तित्व और संघर्ष रहा है, भ्रमित कर सकता है।

'पन्थ' शब्द उनके लिए इस्तेमाल किया जाता है जो एक विशेष विचार-पद्धति का पालन करते हैं, और जिसकी सदस्यता अपनी पसन्द से ग्रहण की जाती है। आरम्भिक स्रोतों यानी संस्कृत में जो दो शब्द इस्तेमाल किये गए हैं वे हैं 'पाषंड' और 'सम्प्रदाय'। 'पाषंड' शायद उस समूह को कहा गया जिसने ख़ुद को एक पन्थ के रूप में ढाल लिया। सम्राट अशोक ने उन्हें स्वीकार या अस्वीकार करने के मामले में तटस्थ भाव रखा। लेकिन बाद के पुराण आदि ग्रन्थों में इस शब्द का उपयोग ख़ास तौर से उनके लिए किया गया है जो विधर्मी माने जाते थे और जो झूठे सिद्धान्त पढ़ाते थे; अक्सर श्रमणों को इस नाम से पुकारा जाता था। 'सम्प्रदाय' का कुछ स्थिर अर्थ था और यह उनके लिए इस्तेमाल होता था जो उस समूह में शामिल होते थे, जो अपनी शिक्षाओं का सम्बन्ध एक पुरानी परम्परा से जोड़ते थे, ऐसा कई पन्थ करते थे, और इस तरह भविष्य के साथ निरन्तरता बनाई जाती।

मेरी मंशा यह संकेत करने की क़तई नहीं है कि असहमति के सिर्फ़ वही रूप हैं, जो धर्म से सम्बन्धित होने के कारण उभरते हैं। मैंने अपने उदाहरण उन्हीं धारणाओं से लिये हैं जो व्यापक तौर पर धर्म से जुड़ी थीं क्योंकि असहमति के इन रूपों ने अतीत में अधिक व्यापक दायरे पर प्रभाव डाला और वे ज़्यादा स्पष्ट रूप से संज्ञान में आते हैं। अतीत में उनके बारे में काफ़ी कुछ लिखा भी गया है। वे धार्मिक रुझान में परिवर्तनों तक ही सीमित नहीं हैं क्योंकि वे समाज की संस्थाओं में भी हस्तक्षेप करते हैं। मैंने जिन उदाहरणों की चर्चा की है उनके सन्दर्भ परिचित हैं। ऐसे उदाहरणों में असहमति के प्रदर्शन में सम्भवत: ज़्यादा स्पष्टता है।

यहाँ पर थोड़ा विराम लेते हुए मैं भारत में प्रमुख धर्म के विभिन्न चरणों के बारे में अपने दृष्टिकोण की संक्षिप्त पुनरावृत्ति करना चाहूँगी। यह इस निबन्ध के अन्तिम भाग में मैं जो चर्चा करूँगी, उसकी पृष्ठभूमि के रूप में होगा। मैं इस बात को भी दोहराना चाहूँगी कि विभिन्न असहमतियाँ धार्मिक और सामाजिक रूपों से सम्बन्धित विचारों की पुनर्रचना में योगदान दे सकती हैं, और कई बार देती भी हैं। मेरा कहना है कि महत्त्वपूर्ण ऐतिहासिक परिवर्तनों के प्रति प्रतिक्रिया देते और उनके साथ सामंजस्य बिठाते हुए हिन्दू धर्म का स्वरूप बहुत बदला और इस दौरान समाज के कुछ हिस्से बदलते ऐतिहासिक सन्दर्भ की माँगों के प्रति ज़्यादा संवेदनशील रहे। इस बात को समझें तो यह धर्म हमें कहीं ज़्यादा लचीला और जीवन्त दिखता है, ख़ासतौर से उस संकीर्ण रूप के बरक्स जिसमें इसे अक्सर पेश किया जाता है। यह विचारधारा शक्तिशाली भारतीय सामाजिक तथा राजनीतिक समूहों की ओर से पड़ रहे दबावों से पहले भी जूझ रही थी और आज भी जूझ रही है जो इसे तात्कालिक प्रभावशाली पुनर्निर्माण के परिभाषित औपनिवेशिक फॉर्मूले के दायरे में रखने की कोशिश कर रहे हैं।

हमने इतिहास में हुए इसके सुधारों और भारतीय समाज पर पड़े उनके प्रभाव पर ध्यान नहीं दिया, न ही उन्हें ऐतिहासिक परिवर्तन और

असहमत समूहों से मिलने वाली चुनौती के साथ सामंजस्य बिठाने की पर्याप्त कोशिश के रूप में मान्य किया। ये ऐसे समायोजन हैं, जो सभी आस्था-पद्धतियों को करने ही पड़ते हैं। कुछ धर्म इसे आसानी से और स्वाभाविक रूप से कर लेते हैं, कुछ इसे दूसरों के मुक़ाबले ज़्यादा गूढ़ तरीक़े से करते हैं और कुछ इन समायोजनों को समस्यात्मक रूप में लेते हैं। बदले में वे असहमति के उन रूपों को प्रभावित करते हैं, जो उनके विरोध में होती हैं। इस तरह के भेद करते हुए मैं कहना चाहती हूँ कि हम जिसे हिन्दू धर्म कहते हैं वह एक जीवन्त धर्म रहा है, जो ऐतिहासिक परिवर्तन पर गहरी प्रतिक्रिया करता रहा है, धार्मिक आस्थाओं और उनके साथ अपनी पहचान जोड़ने वालों में भी स्पष्ट बदलाव और तब्दीलियाँ करता रहा है। हालाँकि यह सिर्फ़ हिन्दू धर्म की विशेषता नहीं है, ऐसा सभी धर्मों के बारे में कहा जा सकता है लेकिन मेरा मानना है कि जिसे हम हिन्दू धर्म कहते हैं उसने इतिहास के प्रभाव में जितने रूप ग्रहण किये उनके कारण उसके लिए यह बात ज़्यादा उपयुक्त है।

असहमति के स्वरों ने इन रूप-परिवर्तनों में जो योगदान किया उसकी, या आवश्यक तब्दीलियों को प्रोत्साहित करने में उनकी विफलता की अनदेखी करना भारत में धर्म के विकास और कई सामाजिक रूपों के आधार में असहमति की प्रभावशाली उपस्थिति की अनदेखी होगी। इसे मैंने ऊपर दिये तीन उदाहरणों के माध्यम से स्पष्ट करने की कोशिश की है। ये उदाहरण धर्म के ऐतिहासिक आख्यान से जुड़े तीन महत्त्वपूर्ण परिवर्तनों से सम्बन्धित हैं।

इस उप-महाद्वीप में धर्म के इतिहास का संक्षिप्त सर्वे भी प्रारम्भिक काल से शुरू नहीं किया जा सकता क्योंकि अभी तक हम साफ़ तौर पर नहीं जानते कि हड़प्पा सभ्यता में धर्म की क्या स्थिति थी। इस बारे में अब तक जो संकेत किये गए हैं वे उस काल की मूर्तियों, बर्तनों पर उकेरे गए चित्रों, मुहरों पर ख़ुदे दृश्यों और विचारों के साथ चित्रलेखों (पिक्टोग्रामों) के तर्कसंगत विश्लेषण पर आधारित हैं। इसलिए हमें

पिक्टोग्रामों के विश्वसनीय पठन का इन्तज़ार करना होगा ताकि यह पता चल सके कि उनमें क्या कहा गया है। हालाँकि इस बीच, अनिश्चितता के कारण तमाम तरह की व्याख्याएँ की गई हैं। कुछ लोगों का तर्क है कि हड़प्पाकालीन धर्म की निरन्तरता प्रमुख धर्म की अपेक्षा उत्तर-हड़प्पा काल के अध:स्तरीय धर्मों में अधिक पाई जा सकती है।

इसलिए हम सबसे पहले या फिर अभी के लिए बेहतर रूप से परिभाषित किये गए धर्म को (जिसके ग्रन्थ उपलब्ध हैं) प्रारम्भ-बिन्दु के रूप में ले सकते हैं। यह वैदिक धर्म था, वैदिक ब्राह्मणवाद। हमारे पास जो स्रोत उपलब्ध हैं उनसे पता चलता है कि इसका विकास अनुष्ठान और आस्था दोनों में एक सामाजिक वर्ग, ब्राह्मणों के धर्म के रूप में हुआ लेकिन दूसरी अल्प परिभाषित धार्मिक आस्थाओं और प्रथाओं के बारे में दुर्भाग्य से हमें कम जानकारी उपलब्ध है। लेकिन उत्तरार्द्ध में इसकी मौजूदगी का संकेत है, भले ही प्रत्यक्ष के बजाय अप्रत्यक्ष रूप से, जिसे अब अच्छी तरह जाना जाता है। मेरा पहला उदाहरण उन मतभेदों की ओर संकेत करने का प्रयास था जो मौजूद थे और टकराव से बचने के लिए जिनके बीच सामंजस्य बिठाया जा सकता था। फिर वे सांस्कृतिक लक्षण क्या थे जो उस संस्कृति में प्रवेश कर गए थे जिन्हें हम 'स्व' से अलग 'दूसरे पक्ष' के रूप में देखते हैं?

इस पहले चरण के कम महत्त्वपूर्ण कई देवता हिन्दू धर्म के दूसरे चरण में, पहले चरण से भिन्नता दर्शाते हुए उभरकर सामने आए। दूसरे चरण को पौराणिक हिन्दू धर्म कहा गया है जिसे पुराणों में दर्ज किया गया है और यह वैदिक काल के बाद की घटना है। अपने पिछले स्वरूपों की अपेक्षा इसमें देवताओं के अलावा पूजा की पद्धतियाँ भी भिन्न हैं, जैसे कि मन्दिरों का निर्माण और प्रतीकों की पूजा, जो शुरू में किये जाने वाले यज्ञों की तुलना में छोटे पैमाने पर होती थी। सामान्य जन का वेदों के साथ बहुत कम, अस्पष्ट तथा सूक्ष्म सम्बन्ध होने के बाद भी उनका सम्मान किया जाता रहा। शुरू में इस स्वरूप की प्रतियोगिता श्रमणिक धर्मों तथा

विचारों के साथ थी, ख़ासकर बौद्ध धर्म के साथ; और उसके अलावा जैन, आजीवक, चार्वाक धाराओं के साथ भी, जो वैदिक ब्राह्मणवाद के मूलभूत सिद्धान्तों का खंडन करते थे।

ब्राह्मणवाद और श्रमणवाद का धार्मिक द्वैत पहली सहस्राब्दी के मध्य से लेकर अन्त तक काफ़ी स्पष्ट दिखता था जैसा कि मैंने जो दूसरा उदाहरण दिया है उससे प्रदर्शित होता है। श्रमणवाद को शक्ति और अधिकार प्रदान करने वाले प्रमुख पहलुओं में इसकी संस्थाओं और संगठनों की महत्त्वपूर्ण भूमिका थी। बौद्धों के मामले में यह भूमिका संघों और मठों की थी। इसके अलावा धनी वर्ग से दान प्राप्त करने का कार्य भी शामिल था। सम्भवत: यह अन्य धार्मिक समूहों के लिए एक सबक़ था लेकिन सभी ने इसे नहीं समझा, हालाँकि कुछ ने इसे बहुत अच्छी तरह समझा। यह एक असहमत समूह था, इस तथ्य ने बौद्धों को समाज के साथ अपने सम्बन्धों की पहचान के लिए अपने संगठनों या संस्थाओं का प्रयोग करने के लिए सोचने पर मजबूर किया होगा। ईसाई युग की शुरुआत से ठीक पहले और बाद की शताब्दियों में इसके द्वारा बनाई गई संरचनाओं की गुणवत्ता उल्लेखनीय और वैदिक ब्राह्मणवाद द्वारा अपनी पूजा-पद्धतियों में प्रयोग किये जाने वाली संरचनाओं की विरोधाभासी थीं। यह असहमति का ही एक हिस्सा था, दूसरा हिस्सा निश्चित रूप से उस धर्म के प्रति आस्था को चुनौती देना था, जिसके सम्बन्ध में सवाल किया जा रहा था। देवत्व को न मानना एक बड़ा बदलाव था लेकिन आने वाली सदियों में इसमें परिवर्तन आया। आने वाली सदी में ब्राह्मण-श्रमण के द्वैत ने अन्य रूप धारण किये—बदलते सामाजिक, राजनीतिक और बौद्धिक सन्दर्भों के अनुकूल।

ब्राह्मणवादी नियंत्रण दूसरे चरण में भी क़ायम रहा, लेकिन दूसरी तरह से। इसका विस्तार पौराणिक हिन्दू धर्म से जुड़े संस्थागत आधारों मन्दिरों और मठों पर हो गया। एक स्तर पर इसे ऊँची जातियों के धर्म पर सदियों के ब्राह्मणवादी नियंत्रण की मज़बूती के रूप में देखा जा सकता

है, लेकिन एक नये रूप में। दूसरे स्तर पर, धर्म के उतने ही विस्तृत और लोकप्रिय स्वरूप भक्ति-आन्दोलनों के गैर-ब्राह्मणवादी स्वरूप में दिखते थे, जिसमें देवता कई रूपों में होते थे और उपासना-पद्धति का ज़ोर भक्ति पर होता था, मन्दिर जैसी संस्था पर नहीं। इसलिए, नियंत्रण का अर्थ यह था कि समाज के कम स्वतंत्र तबक़ों—महिलाओं और वर्ण-व्यवस्था की निचली जातियों—को कुछ रियायत दी जा सके। कुछ मामलों में, समानान्तर स्वरूपों का अन्ततः कुछ हद तक मेल हो जाता था, तो कुछ मामलों में वे अलग-अलग बने रहते थे।

पौराणिक हिन्दू धर्म और वैदिक ब्राह्मणवाद में बहुत समानता नहीं थी, सिवाय इसके कि पौराणिक हिन्दू धर्म ने वैदिक ब्राह्मणवाद के प्रति सम्मान भाव दर्शाया और कभी-कभी उसके देवताओं और अनुष्ठानों को अपनाया। लेकिन वैदिक धर्म प्रमुख रूप से अल्पसंख्यक ब्राह्मणों और उन ऊँची जातियों का धर्म रहा, जो उसे संरक्षण देती थीं। यह संरक्षण सामाजिक और आर्थिक दृष्टि से प्रभावी और इसे हासिल करने वालों के लिए लाभप्रद रहा। पहली शताब्दी ईस्वी में धर्म का जो रूप सामने आया उसमें बहुत-सी नई विशेषताएँ थीं : विष्णु और शिव जैसे देवताओं की केंद्रीयता पर बल, देवताओं के समूह या देवगणों में वृद्धि, ख़ासकर तब जब शाक्त-शक्ति जैसे पंथों को सम्मिलित किया गया, सबसे पहले मन्दिर के निर्माण के विषय में विचार किया गया और गुप्तकाल में उनका निर्माण शुरू हुआ और प्राचीन काल की अपेक्षा प्रतीकों की पूजा अधिक प्रभावी ढंग से की जाने लगी। यह एक बदलाव था। पौराणिक कथाएँ प्राचीन स्रोतों तथा प्रारम्भिक मिथकों के रूप में पीछे छूट गईं। इस स्वरूप की स्थापना के लिए उपयोग में लाए गए ग्रन्थ—पुराण—रूप और सामग्री में वैदिक वाङ्मय से भिन्न थे। लोकप्रिय रूप में इस धर्म का सबसे ज़्यादा प्रसार पौराणिक धर्म के विभिन्न स्थानीय देवताओं तथा सामाजिक स्तर पर निचली जातियों के संख्या में अधिक अनुयायियों के सफल अन्तर्गुम्फन से हुआ। सम्भवतः यह ज़्यादा तर्कसंगत लगता है

कि कुछ विचार और संस्थान गुपचुप तरीक़े से श्रमण धर्मों से ले लिये गये। बाद के काल में अधिक दूर-दराज के क्षेत्रों और निचली जातियों में तमाम तरह की उपासना-पद्धतियों का मिश्रण हुआ, जिसने उन जातियों पर नियंत्रण रखने में मदद की जिन पर ऊँची जातियाँ श्रमिक, कारीगर, तकनीकी रूप से कुशल लोगों आदि के लिए निर्भर थीं, दूसरी तरफ़ निचली जातियाँ भी रोज़गार के लिए कुलीनों पर निर्भर थीं।

निचली जातियों का धर्म अपेक्षाकृत स्थिर था लेकिन वह स्थानीयता और क्षेत्रीयता के इर्द-गिर्द केन्द्रित था, जबकि ऊँची जातियों का धर्म पौराणिक हिन्दू धर्म के इर्द-गिर्द केन्द्रित था। वृक्षों की पूजा प्रारम्भिक काल से होती आ रही है, इसी तरह यक्षों और ग्राम देवताओं की परम्परा भी शायद इतनी ही पुरानी है। अगर दीर्घकालिकता और उपासना-पद्धति की निरन्तरता किसी स्थापित धर्म की कसौटी है, तो बाद की ये उपासना-पद्धतियाँ कुछ ग्रन्थ-आधारित उपासना-पद्धतियों के मुक़ाबले ज़्यादा प्राचीन थीं।

स्थानीय पन्थों और उनके उन्नयन के बारे में बात करें तो स्थानीय रूप से प्रसिद्ध व्यक्तियों और देवताओं को पूजनीय बनाने और उन्हें पौराणिक धर्म में समाहित करने की प्रक्रिया का उम्दा उदाहरण महाराष्ट्र के एक महत्त्वपूर्ण धार्मिक मत में देखा जा सकता है। यह देश के इस भाग में उसकी प्र ृत्ति के अनुरूप व्यक्ति-पूजा के व्यापक विस्तार से जुड़ा मामला है। कभी-कभार इसे सती पूजन से जोड़ा गया, हालाँकि इसका विस्तार अलग-अलग अनुपात में हुआ। शुरू में, अपने गाँव या मवेशियों की रक्षा के लिए या स्थानीय युद्ध में जान देने वाले नायकों की याद में बड़ी-बड़ी शिलाएँ लगाई जाती थीं, जो हथियारों और कभी-कभी घोड़े के साथ नायक का साधारण चित्रण होता था।

आगामी सदियों में, स्मारकों का रूप विस्तृत होता गया जिनमें नायक की मृत्यु और अप्सराओं द्वारा उसे स्वर्ग ले जाने के दृश्यों के साथ-साथ उसके धार्मिक लगाव के संकेत तथा घटना के विवरण देते

शिलालेख भी लगाए जाने लगे। इनमें से कुछ शिलाएँ गाँव से हटाकर मन्दिर के प्रांगण में लगाई जाने लगीं। सती हुई महिलाओं की याद में लगाई गईं शिलाएँ प्रतीकात्मक होती थीं जिनमें सती-शिलाओं से जुड़े कुछ भिन्न प्रतीक शामिल होते थे। बाद के कालों में, कुछ स्थानों पर उन्हें उनके विशेष मन्दिरों में स्थापित किया जाता था।

पौराणिक हिन्दू धर्म का निर्माण करने वाले कई पन्थों के गठन में शामिल इन आयामों के मेल का दर्शन महाराष्ट्र के पंढरपुर के मुख्य मन्दिर में विट्ठल/विठोबा रूपों में विष्णु की उपासना में होता है। कुछ लोगों का कहना है कि मन्दिर के गर्भगृह में स्थित उनकी छवि उस क्षेत्र की नायक-शिलाओं में उकेरी हुई छवि से मिलती है, जो चरवाहों के धर्म से उनके मूल जुड़ाव का संकेत देती है। नायक वह था जिसने उनके मवेशियों की रक्षा की। चरवाहा अर्थव्यवस्था वाले क्षेत्र में यह कोई आश्चर्य की बात नहीं थी। विट्ठल नाम के नायक को अब वैष्णव पौराणिक कथा में शामिल कर लिया गया है, इसलिए वे उस क्षेत्र के कई भक्ति सन्तों, ख़ासकर अति-प्रतिष्ठित सन्त तुकाराम के मुख्य देवता बने। यह इस प्रक्रिया से जुड़ी धार्मिक और सामाजिक माँगों के बीच के संवाद को समझने के कई मार्गों का स्रोत बन जाता है। एक निश्चित सीमा तक यह सामाजिक पहचानों का वह दायरा है जो एक सफल पन्थ या सम्प्रदाय के निर्माण की ओर ले जाता है, साथ ही यदि ज़रूरी हो तो यह असहमति की अभिव्यक्ति की अनुमति भी देता है।

पौराणिक हिन्दू धर्म ने उस विभाजन को ढोया, जिसकी मैंने पहले चर्चा की है। मन्दिर, मठ और शिक्षा के केन्द्र ब्राह्मणों के नियंत्रण में रहे, लेकिन समान रूप से लोकप्रिय और सुलभ धर्म ने सन्तों और उनके केन्द्रों पर ध्यान दिया, जहाँ बड़ी संख्या में अनुयायी जमा होते थे, जिनके पिछले धर्म और जातिगत पहचान कोई बाधा नहीं बनते थे। इसलिए दलितों के समकक्ष लोग, जिन्हें मन्दिरों के गर्भगृह में प्रवेश की अनुमति नहीं थी, भक्ति वाले केन्द्रों में पूजा कर सकते थे। लेकिन यहाँ भी उन्हें रोकने के

मामले मिलते हैं, और यह देखना दिलचस्प होगा कि यह रोक कब से लगाई जाने लगी। भक्ति के विशेषण के अन्दर हम जिन विभिन्न उपदेशों को रखते हैं उनके बीच के सूक्ष्म भेदों को अधिक स्पष्ट करना होगा और उनके बीच की भिन्नताओं की व्याख्या करनी होगी।

पौराणिक हिन्दू धर्म के मूल में एक विरोधाभास है, जिसका अनुभव इसी तरह की प्रक्रियाओं से गुज़र रहे दूसरे धर्मों ने भी किया। अपने विस्तार तथा वर्चस्व के लिए धर्मों को प्रतियोगिता का सामना करना पड़ता था और अन्य लोकप्रिय आस्था-पद्धतियों से टक्कर लेनी पड़ती थी। जहाँ स्थापित या प्रमुख धर्म कमज़ोर धार्मिक पद्धतियों को अपने में समाहित करना चाहता था, वहाँ उसे ख़ुद में कुछ बदलाव करना पड़ता था। जब धर्म का नये क्षेत्रों में विस्तार होता था, जैसा कि गुप्त काल के बाद पौराणिक हिन्दू धर्म का हुआ, तो तत्कालीन कुलीनों को उसकी आस्था और उपासना-पद्धति में ढाला जा सकता था और आकर्षक ऊँची हैसियत प्रदान की जा सकती थी। लेकिन निचली जातियों का ध्यान कम रखा जाता था और वे अपनी पूर्व की आस्थाओं तथा प्रथाओं को जारी रखा करती थीं। वैसे, कुछ मामलों में पौराणिक हिन्दू धर्म का प्रभाव पड़ा। ज़्यादातर तात्कालिक स्थानीय स्वरूप क़ायम रहता था, और लेखकों को अगर वह महत्त्वपूर्ण लगता था तो कभी-कभी उसे पौराणिक हिन्दू धर्म में शामिल कर लिया जाता था। धर्म के अन्दर विविधता ज़रूरी थी जो कथित मिश्रण की प्रक्रिया को आसान बनाती थी।

हिन्दू धर्म के इस स्वरूप पर ब्राह्मणों के नियंत्रण, और वैदिक ब्राह्मणवाद पर ब्राह्मणों के नियंत्रण में फ़र्क़ था। उत्तरार्द्ध वाला यानी वैदिक ब्राह्मणवाद मुख्यत: उच्च वर्णों का धर्म था और प्राय: अपने में सिमटा रहता था, जबकि पौराणिक हिन्दू धर्म विविध मान्यताओं और उपासना पद्धतियों को शामिल करने की इजाज़त देता था। संरक्षण की प्रकृति काफ़ी महत्त्वपूर्ण हो गई, और उपासना करने वालों की भागीदारी भी। पुरोहित की प्रमुखता बनी रही मगर अलग तरह से। वैदिक ब्राह्मणवाद

को संरक्षण शाही ख़ज़ाने और धनी वर्ग से मिलता था जिसका मतलब था कि ब्राह्मण मठों का काम महत्त्वपूर्ण था। सम्पत्ति के रूप में भारी दान मिलने के कारण जल्दी ही इन्होंने अपनी सम्पदा भी बना ली। ब्राह्मणों को शाही ख़ज़ाने और कुलीनों से जो संरक्षण मिलता था वह पौराणिक हिन्दू धर्म को मन्दिरों और उनके अनुष्ठानों के ज़रिये काफ़ी प्रभावित करता था और काफ़ी उदारता से मिलता था।

मठों और विहारों को संरक्षण देने का अर्थ था कि पढ़ा-लिखा कुलीन वर्ग ग्रन्थों के लेखन-पाठन के माध्यम से अपने विचारों को अभिव्यक्त कर सकता था, साथ ही वाद-विवाद और चर्चाएँ इन महत्त्वपूर्ण केन्द्रों के लिए सामान्य थे। धीरे-धीरे 'स्व' और 'दूसरे पक्ष' दोनों के लिए चर्चा की भाषा का रूप संस्कृत ने ले लिया और समय के साथ अपने चरम पर पहुँच गई जब क्षेत्रीय भाषाओं की शुरुआत हो रही थी जो पहले पूर्णत: अदृश्य थीं। यह परिवर्तन स्थानीय संस्कृतियों के विभिन्न आयामों के सामाजिक रूप से अधिक उन्नत संस्थानों में आने के समानान्तर चला। असहमति को अब कम-से-कम दो स्तरों पर देखा जा सकता था—पहला उस समय की बौद्धिक चर्चाओं में और दूसरा धार्मिक प्रक्रियाओं के परिवर्तन के रूप में।

कभी-कभी किसी विशेष देवता को समर्पित पुराण जैसे प्राचीन ग्रन्थ को अपनाया जाता और उसका वाचन किया जाता, लेकिन धीरे-धीरे नये ग्रन्थों को नई उभरती क्षेत्रीय भाषा में रचा गया। आधुनिक टीकाकारों ने भगवद्गीता को हिन्दू धर्म का सार बताया है, कुछ भक्ति सन्तों ने इसके आधार पर रचनाएँ कीं, लेकिन अधिकतर ने अपनी शिक्षाओं के लिए दूसरे स्रोतों का सहारा लिया। ज़रूरी नहीं था कि उनके सन्देश गीता के उपदेशों के समान ही हों। नानक जैसे कुछ सन्तों ने सूफ़ियों और निर्गुण सन्तों के सन्देशों का इस्तेमाल किया।

इस्लाम के आगमन ने और धाराएँ जोड़ीं। इस्लाम का सुन्नी पन्थ/सम्प्रदाय सुलतानों के दरबारों से जुड़ा था लेकिन शियाओं को परे नहीं

किया जाता था, हालाँकि दोनों में संघर्ष विद्यमान था। सूफ़ी सन्त या उपदेशक, मुख्यतः प्रवासी के रूप में मध्य एशिया से आए थे और अपने केन्द्र स्थापित किये थे और इस प्रकार उप-महाद्वीप में विभिन्न पन्थों का प्रसार हुआ। ये ऐसे पन्थ थे जो अक्सर रूढ़िवादी इस्लाम से असहमति रखते थे और उनके अनुयायियों की संख्या बड़ी होती थी। उनकी दरगाहों ने ख़ास तौर पर बड़ी संख्या में ग़ैर-इस्लामी धर्मों की पृष्ठभूमि वालों के लिए इबादत की जगह और तीर्थस्थल का रूप ले लिया। इसके अलावा, कुछ सूफ़ी पीर ऐसे भी थे जो राजनीतिक सत्ता के केन्द्र के क़रीब थे और शाही संरक्षण पाते थे।

कुछ हद तक इस्लामी विश्वासों और व्यवहारों से जुड़े और ज़्यादातर विविध मूलों से उभरने वाले कई पन्थ अस्तित्व में आए जिनमें से अरब पृष्ठभूमि वाले पन्थ समुद्रतटीय इलाक़ों में बस गए और व्यापार आदि करने लगे जिसने उन्हें वहाँ का स्थायी निवासी बना दिया। ये बोहरा, खोजा, नवायत, मापिल्ला आदि समूह थे जिनका मैंने पहले भी ज़िक्र किया है। कुछ इसी तरह की प्रक्रिया देश के भीतर के कुछ इलाक़ों में भी चल रही थी जिसके फलस्वरूप राजस्थान और हरियाणा में मेव समुदाय का उद्भव हुआ जो इस्लाम और हिन्दू, दोनों धर्मों के त्योहार और सभी तरह के अनुष्ठान करता देखा जाता है। औपनिवेशिक काल से पहले, उप-महाद्वीप के स्तर पर धार्मिक पहचानों का साधारणीकरण करना समस्या को जन्म देता है, क्योंकि जाति और पन्थ प्रायः क्षेत्र विशेष के रीति-रिवाजों को प्रतिबिम्बित करते थे।

उपनिवेशवाद की स्थापना से धर्म के इन स्वरूपों में नाटकीय परिवर्तन हुआ और भारत में प्रचलित स्थापित धर्मों का नई तरह से वर्गीकरण किया गया। हरेक धर्म को विस्तारित ढाँचे के रूप में देखा गया जिसके अन्तर्गत आस्थाओं, नियमों और उपासना पद्धति को अपेक्षाकृत समान बनाने की कोशिश की गई। औपनिवेशिक विद्वानों द्वारा हिन्दू धर्म को नया अर्थ प्रदान किया गया और ईसाइयत और जरथुस्त्रवाद को छोड़कर तमाम

ग़ैर-इस्लामिक चीज़ों को उसमें शामिल कर लिया गया। असहमति की अभिव्यक्ति के पुराने इतिहास को या तो सर्व-समावेशी धर्म के एक पहलू के रूप में शामिल कर लिया गया या फिर उसकी उपेक्षा कर दी गई। निचली जातियाँ जिन धर्मों का पालन करती थीं वे तेज़ी से आगे बढ़ते रहे लेकिन उनके अध्ययन को नृवंश विज्ञान कहा गया और हिन्दू धर्म का स्वरूप मुख्यत: ऊँची जातियों के ग्रन्थों, उनकी आस्थाओं और प्रथाओं के आधार पर तय किया जाता रहा जिसे बदली राजनीति के सन्दर्भ में पुन:परिभाषित करने और नया रूप देने की ज़रूरत थी।

केवल धर्म ही एक विषय नहीं था जिसे पुन:परिभाषित किया जाना था। इस मामले में यूरोप की दिलचस्पी को पूरब के पुनर्जागरण की खोज के रूप में वर्णित किया गया है, जो यूरोप की तत्कालीन समस्याओं का समाधान पूरब के अनुभवों तथा विचारों के ज़रिये की जाने वाली खोज से प्रेरित थी। 'इंडोलॉजी' एक हद तक इसका जवाब था, और एक हद तक भारत को समझने की कोशिश भी थी। हमें यह भी देखना होगा कि इस तरह के अध्ययन उस समय के यूरोपीय चिन्तन में किस हद तक प्रतिबिम्बित हो रहे थे, ख़ासकर यूरोपीय विमर्श में जिसे 'ओरिएंट' कहा गया।

एक कमज़ोरी यह थी कि भारतीय संस्कृति का 'इंडोलॉजिकल' विमर्श—जीवन पद्धति—उच्च जाति के भारतीयों के जीवन तथा चिन्तन पर आधारित था लेकिन उसे औपनिवेशिक चश्मे से देखकर छाँटा गया था। यूरोपीय सभ्यता की प्रशंसित मान्यताओं या मूल्यों ने भारतीय लोगों का ध्यान खींचा लेकिन हमेशा किसी-न-किसी कारण उन्हें भारतीय मूल्यों व विचारधारा की ओर लौटना पड़ा जो उनसे बिलकुल अलग थी। समय के साथ उच्च जातियों के भारतीय लोग अवश्य औपनिवेशिक नज़रिये के साथ कुछ समानुभूति रखने लगे। यह भी इसकी एक वजह हो सकती है कि भारत में सभी धर्मों में सवर्ण और अवर्ण वर्गों के बीच के सम्बन्धों पर नज़र डालने की कोशिश कम ही की गई, और विभिन्न संस्कृतियों

में मौजूद असहमति पर भी ज़्यादा ध्यान नहीं दिया गया।

हिन्दू धर्म के बारे में उपनिवेशवादी अध्ययन ब्राह्मणवादी ग्रन्थों के पाठ तथा अध्ययन से भरा हुआ था, जिसमें इन सीमाओं पर ध्यान नहीं दिया गया था कि यह समाज के एक छोटे हिस्से का धर्म था, हालाँकि वह हिस्सा महत्त्वपूर्ण था। इस हिस्से के धर्म का पालन वह पूरा समाज नहीं कर रहा था जिसे हिन्दू समाज कहा गया था। उन्होंने जिन सूत्रों का सहारा लिया उनमें इस बात को रेखांकित नहीं किया गया था और इसलिए इस बात को समझा भी नहीं गया कि हिन्दू लोग एक व्यापक धर्म के बजाय पन्थ और जाति की पहचान से तुरन्त और गहराई से जुड़ जाते थे। इसने पहचान को लचीलापन दिया। भारत में जाति और धर्म के बीच का घनिष्ठ सम्बन्ध चाहे वह किसी ख़ास धर्म से क्यों न हो, धर्मों के पुनर्गठन के समय बिना विचारे अनदेखा कर दिया जाता था। आस्था और उपासना-पद्धति के विविध रूपों को समेटता हुआ जो संस्थान उभरा वह था पन्थ जिसने उन्हें धार्मिक पहचान दी। हर क्षेत्र में विभिन्न पन्थ मौजूद थे जिनमें से कुछ स्थापित धर्म से सहमत थे और उसके आगे बढ़ने में सहायक थे जबकि कुछ असहमत थे।

हिन्दू धर्म में आधुनिक क़िस्म के संस्थानों और संगठनों के गठन की शुरुआत सामाजिक-धार्मिक सुधार आन्दोलनों—ब्रह्म समाज, प्रार्थना समाज, सनातन धर्म, आर्य समाज—की स्थापना के साथ हुई जो पूर्व में स्थापित संस्थानों से अलग थे। इन आन्दोलनों ने क्षेत्रीय मध्यवर्ग को उस धर्म को आकार देने के लिए एकजुट किया जिसे बहुसंख्यकों का धर्म माना जाता था। यह नये तरह का हिन्दू धर्म था जिसे 'समाजवादी हिन्दू धर्म' कहा जा सकता था। यह उस धर्म को नया रूप देने की कोशिश थी जो मुख्यत: उच्च व मँझोली जातियों के मध्यवर्ग को आकर्षित करे और जिसे धर्म के बारे में उपनिवेशवादी नज़रिये के जवाब के रूप में देखा जा सके। 'समाजों' के तत्त्व और उनकी प्राथमिकताएँ अलग-अलग थीं। वे नये तरह के संस्थान बनाने के प्रयास थे जिनमें समाज

की ज़रूरतों को समायोजित करने के लिए अधिक चिन्ताशील धर्म के तत्कालीन रूप को दिशा देने के लिए अतीत का उपयोग किया गया था। संस्थानों के रूप में ये सारे 'समाज' राजनीतिक विमर्श में प्रवेश पा रहे तरह-तरह के राष्ट्रवाद के लिए समर्थन को ख़ुराक देने के मामले में भी उपयोगी थे। औपनिवेशिक विद्वानों ने भारतीय समाज का जो ख़ाका खींचा था उसकी पुष्टि करने वाले धार्मिक समुदायों को राष्ट्रवाद की घुट्टी पिलाई जा रही थी।

इन 'समाजों' की अपनी सीमाएँ थीं। आधुनिकीकरण की प्रक्रिया में निहित सामाजिक परिवर्तन की तैयारी के लिए वे उच्च जातियों की हिन्दू मान्यताओं और प्रथाओं को सुधारने में जुट गए थे। लेकिन दूसरे प्रचलित धर्मों को अपवित्रता का स्रोत मानकर पूरी तरह ख़ारिज कर देना मुश्किल था। उदाहरण के लिए, आर्य समाज दूसरा धर्म अपना लेने वाले हिन्दुओं को वापस हिन्दू धर्म में शामिल होने की इजाज़त देता था (जिसे आज 'घर वापसी' कहा जा रहा है) लेकिन उन्हें 'शुद्धि' का अनुष्ठान करवाना पड़ता था, जिसके परिणाम दूसरे धर्मों को स्वीकार्य नहीं थे। न ही यह उस बहुचर्चित सहिष्णुता को उजागर करता है जिस पर आधुनिक हिन्दू गर्व करते हैं। शुद्धता-अशुद्धता की धारणा उच्च जातियों द्वारा भारतीय सभ्यता की बुनियाद मानी जाती थी। इस्लाम और ईसाई धर्मों को अशुद्धता के कलंक से सबसे ज़्यादा प्रभावित माना जाता था लेकिन इन धर्मों से वापस हिन्दू धर्म में लौटने की घटनाएँ ज़्यादा नहीं होती थीं।

इन 'समाजों' के बीच समानताओं के बावजूद उनमें अन्तर भी थे, और चूँकि उनके सन्देशों-उपदेशों में फ़र्क़ था इसलिए उनमें टकराव होता रहता था। सनातन धर्म और आर्य समाज एकमत नहीं थे। सनातन या शाश्वत धर्म में धर्म को कर्तव्य माना जाता था इसलिए धर्मशास्त्र के नियमों का पालन आवश्यक था; इसी तरह, वेद जैसे ब्राह्मणवादी ग्रन्थों के अनुसार चलना ज़रूरी था, जिसमें एक देवता की कल्पना की गई है। आत्मा के अस्तित्व में विश्वास था इसलिए कर्म और पुनर्जन्म में

विश्वास किया जाता था, और ब्राह्मणों द्वारा मूर्ति-पूजा और अनुष्ठानों की अनुमति दी गई थी।

आर्य समाज एक क़दम आगे बढ़कर तर्क देता है कि वेद अन्य सभी ग्रन्थों जैसे 'महाभारत', 'रामायण', पुराणों से श्रेष्ठ हैं यानी वह पौराणिक हिन्दू धर्म के ऊपर वैदिक ब्राह्मणवाद का समर्थन करता है। वैदिक अनुष्ठान के मुताबिक़ मूर्ति-पूजा की अनुमति नहीं थी। उनके मन्दिर अलग तरह के होते थे जिनमें मूर्तियाँ नहीं होती थीं और उनके अपने पुरोहित होते थे। निरामिषवाद पर बहस की जा सकती है लेकिन गोमांस प्रतिबन्धित था। ईसाई और इस्लाम धर्मों को हिन्दू धर्म का विरोधी माना जाता था। इन समाजों की मज़बूत धर्म-प्रचारक धाराएँ थीं इसलिए वे स्कूलों-कॉलेजों की स्थापना करके नई पीढ़ी को समाजीकृत करने में सक्रिय रहते थे और नये अनुयायियों को अपने साथ जोड़ने पर ज़ोर देते थे।

राजनीतिक महत्त्वाकांक्षाओं के कारण इन समाजों की उन दूसरे धार्मिक संगठनों से मुठभेड़ भी होती थी, जो इसी तरह की महत्त्वाकांक्षाएँ रखते थे। हिन्दू धर्म के कुछ पहलुओं को सुधारने की उनकी चिन्ता का ऊँची जातियों के कुछ हिस्सों पर शुरू में कुछ प्रभाव पड़ा। ये नये रूपों में ढले स्थापित धर्मों के लिए समर्थन जुटाने के तरीक़े भी थे। ग़ौरतलब है कि मुख्य चिन्ता ऊँची जातियों की रही, निचली जातियों की नहीं, न ही भारतीय समाज में विभिन्न धर्मों के अन्त:सम्बन्धों से जुड़े व्यापक सवाल पर ही ध्यान दिया गया। 20वीं सदी में, धर्म और राष्ट्रवाद के बीच गठजोड़ के कारण राजनीतिक आकांक्षाओं से जुड़ाव मज़बूत हुआ।

जैसाकि हम देख चुके हैं, धर्म का राजनीतिक रूप में इस्तेमाल करने के लिए इसका कोई संस्थागत आधार होना चाहिए। परिणामस्वरूप यह एक राष्ट्र के निर्माण की विचारधारा की धुरी बन सकता है लेकिन तब धर्म को इस उद्देश्य के लिए पुनर्गठित करना पड़ेगा ताकि वह इस उद्देश्य को पूरा कर सके। यह हिन्दुत्ववाद के साथ उभरा, जो हिन्दू धर्म

को एक विशाल, समरूप धर्म के रूप में पुनर्गठित करने की एक कोशिश थी, या है। हिन्दू धर्म की यह पुनर्परिभाषा उपनिवेशवादी परिभाषा के अनुरूप है क्योंकि इसमें पिछली सदी की राजनीतिक ज़रूरतों की अनदेखी नहीं की गई है और इसलिए सभी पन्थ—रूढ़िवादी हों, विधर्मी, असहमत, या विरोधी—की उपेक्षा की गई ताकि एक विशेष हिन्दू धर्म की स्थापना की जा सके। मध्ययुग में ब्राह्मण लेखकों ने नास्तिकों को दरकिनार करके जो भेद किया था वैसा नहीं किया गया था। यह अब्राह्मिक धर्मों, जैसे इस्लाम और ईसाई धर्म की हिन्दू धर्म से मेल खाती विशेषताओं को सामने लाकर इसका पुनर्गठन करने का प्रयास था।

हालाँकि, हिन्दू की पहचान उसके वंश के तथ्यों से होती थी और उसके धर्म को भारत (तत्कालीन ब्रिटिश भारत) के भू-भाग में स्थित माना जाता था, और हिन्दुओं का सम्बन्ध क्योंकि बहुसंख्यकों के धर्म से था, इसलिए वे प्रमुख नागरिक थे। कहा जाता था कि सभी हिन्दू भारतीय मूल की आर्य नस्ल के थे इसलिए वे मूलतः भारतीय थे। लेकिन बाल गंगाधर तिलक ने यह बयान देकर मुश्किल खड़ी कर दी कि आर्य आर्कटिक क्षेत्र से भारत आए थे, जिसे यह कहकर सुधारने की कोशिश की गई कि उन दिनों उत्तरी ध्रुव आज के बिहार में स्थित था इसलिए आर्य भारतीय मूल के थे। (सन्दर्भ-ग्रन्थ सूची के खंड 5 में देखें : बालगंगाधर तिलक एवं एम.एस. गोलवलकर की पुस्तकें)

दिलचस्प बात यह है कि क्षेत्र का सवाल हिन्दू और हिन्दू धर्म की पुरानी परिभाषाओं में शामिल नहीं था यानी पहले कभी भौगोलिक सीमाओं ने हिन्दू और हिन्दू धर्म को परिभाषित नहीं किया था लेकिन हिन्दुत्व के लिए यह बुनियादी सवाल हो गया। राष्ट्रवाद को मज़बूत करने के लिए क्षेत्र को परिभाषित करना महत्त्वपूर्ण है लेकिन धर्म में क्षेत्र की भूमिका न के बराबर थी। क्षेत्र को परिभाषित करना राष्ट्रवाद की मज़बूती के लिए आवश्यक है और यहाँ इससे स्पष्ट होता है कि राष्ट्रवाद की अवधारणा में हिन्दुत्व एक राजनीतिक एजेंसी की भूमिका निभाता था और निभा

रहा है। राष्ट्रवाद और भौगोलिक क्षेत्र के बीच जो सम्बन्ध है वह कई राष्ट्रवादों में समान तत्त्व के रूप में पाया गया, लेकिन बिना धर्म और भाषा के दख़ल के। क्षेत्रीय मानचित्रीकरण को नक़्शा बनाने की कला ने और आसान बनाया क्योंकि नक़्शों पर सीमाएँ बार-बार खींची जा सकती हैं।

हिन्दुत्व राष्ट्रीय स्वयंसेवक संघ, विश्व हिन्दू परिषद तथा बजरंग दल जैसे उन समूहों का वैचारिक स्रोत है, जो राजनीतिक कार्यक्रम चलाते हैं और जिसे संघ परिवार कहा जाता है। उनमें वैचारिकता का तत्त्व कम ही होता है, क्योंकि ज़्यादा ज़ोर उपस्थिति और नियंत्रण पर होता है। सामूहिक पूजन हाल के दिनों में शुरू हुआ नवाचार है। आस्था और उपासना के मामले अब धर्माचार्यों की धर्मसंसदों की भाँति धर्मसंघों के नियंत्रण में आ गए हैं। यह पूरी तरह ईसाई मिशनों की नक़ल में चला एक धर्म-प्रचार आन्दोलन है जिसकी देश-भर में कई शाखाएँ फैली हुई हैं। इसने जेसुइट यानी ईसा मसीह के रोमन कैथोलिक समाज के अनुयायियों से यह भी सीखा कि शिक्षा समाजीकरण का प्रमुख माध्यम है इसलिए इसके कई हज़ार स्कूल हैं। यह दुनिया के विभिन्न हिस्सों में बसे भारतीयों तक पहुँच रहा है, जिनसे अच्छा-ख़ासा चन्दा हासिल करने के लिए सम्पर्क किया जा सकता है। पुराने धर्म में, उसके विभिन्न चरणों में लचीलेपन का जो प्रशंसनीय तत्त्व शामिल था उसे निकाल बाहर कर दिया गया है। हिन्दुत्व हिन्दू धर्म को परिभाषित नहीं करता क्योंकि वह ऐसा नहीं था जैसा अब है।

अनुयायियों के अनुसार हिन्दुत्व हिन्दू धर्म का सबसे नया स्वरूप है। इसका बुनियादी ढाँचा अब्राह्मवादी धर्मों के समान बना दिया गया है और मंशा यह है कि हिन्दू राष्ट्र के उद्‌देश्यों को आगे बढ़ाया जाए। प्राचीन गुरुओं और संस्थापकों को ऐतिहासिकता प्रदान की जा रही है, आस्थाओं को साफ़-साफ़ घोषित किया जा रहा है, देवताओं को चुना जा रहा है, मतवाद को स्थापित करने की कोशिश की जा रही है, एक ही पवित्र ग्रन्थ को मान्य बनाया जा रहा है, और पुनर्जन्म के सिद्धान्त

को मान्य किया जा रहा है। हिन्दू को नई परिभाषा दी जा रही है जिसके अनुसार भारत की सीमा के अन्दर जो भी जन्मा वह हिन्दू है और हिन्दू धर्म ही उसका धर्म है। इससे उसे हिन्दू राष्ट्र में प्राथमिकता मिलती है। यह जो नई परिभाषा है वह मूलतः धर्म के बारे में ऊँची जातियों की समझ से निकली है, लेकिन इसका राजनीतिक इस्तेमाल किया जा सके इसके लिए इसे बड़े समुदाय तक पहुँचाने और समकालीन राजनीति के अनुरूप बनाने की ज़रूरत है। यह नया स्वरूप हिन्दू धार्मिक राष्ट्रवाद और हिन्दू राष्ट्र के निर्माण के लिए काफ़ी अनुकूल है। इसका जिस मक़सद के लिए आविष्कार किया गया था उसी के मद्देनज़र मैंने इसे संगठित राष्ट्रवाद भी कहा है। यहाँ मैं हिन्दू राष्ट्रवाद पर दिये गये ज़ोर के कारण इसके राजनीतिक एजेंडे की मज़बूती की बात कर रही हूँ, यानी एक ऐसा राष्ट्रवाद जिसमें हिन्दुओं को प्रमुखता दी गई है। इसे मूर्त रूप देने के लिए राजनीतिक दल और संगठनों द्वारा इसका अनिवार्य रूप से पालन करना अनिवार्य ही है।

हाल के दिनों में इस सवाल पर बहस हो रही है कि हिन्दू धर्म को जिस तरह उपनिवेशवादी तथा इससे जुड़े चिन्तन में प्रस्तुत किया गया, क्या उस वजह से यह नहीं कहा जा सकता कि इस हिन्दूवाद का आविष्कार 19वीं सदी में हुआ? मेरा मानना है कि कुछ लोग इसे आगे ले जा रहे हैं और बीसवीं सदी में इसके स्वरूप पर बहस कर रहे हैं लेकिन मैं इससे अलग तर्क प्रस्तुत करना चाहूँगी। यह वह धर्म नहीं है जिसकी स्थापना किसी ऐतिहासिक हस्ती ने की, और न ही इस धर्म की जड़ें इतिहास की निरन्तरता में धँसी हैं। इसे बहुअर्थी धर्म कहना ज़्यादा उपयुक्त होगा। इसके कुछ स्वरूप अभिवृद्धि दर्शाते थे, कुछ स्वरूपों ने पूर्व के स्वरूपों को इस तरह ख़ारिज किया कि उनका पता भी नहीं चला या फिर उन्हें हाशिए पर ढकेल दिया। यह विभिन्न जातियों और समुदायों की धार्मिक अभिव्यक्ति से असम्बद्ध नहीं था इसलिए इसके प्रमुख अंगों में परिवर्तन, संशोधन और पुनर्रचना जैसी प्रक्रियाएँ हुईं, जो प्रायः सभी

धर्मों के इतिहास में हुई हैं। अमीबा जैसी अभिवृद्धि या विच्छेदन के अपने ऐतिहासिक सन्दर्भ थे और वे इसके उन कई चरणों के लिए महत्त्वपूर्ण हैं जो अक्सर पन्थों के रूप में सामने आए। मैंने यह भी कहा है कि असहमत विचार जब भी उभरे, अक्सर कई दूसरे धर्मों के मुक़ाबले इसमें वे कहीं ज़्यादा परिवर्तनों और नये स्वरूपों का कारण बने। इस प्रकार इसमें बहुलता के तत्त्व विद्यमान थे।

असहमति से जुड़े कुछ विचार सामान्य थे जबकि अन्य ने ज़्यादा संगठित और स्पष्ट रूप धारण किया। दरअसल श्रमण-सम्प्रदायों और कुछ ख़ास भक्ति-सम्प्रदायों की स्थापना अपनी असहमति में निर्णायक थी और सम्भवत: भारत में स्थापित धर्मों में जितना सुधार हम स्वीकार करने के लिए तैयार थे उनके सुधारों ने उसमें उससे कहीं अधिक योगदान दिया। पन्थों की विविधता और समय के साथ बढ़ती उनकी संख्या के मद्‌देनज़र असहमत समूहों की संख्या भी अपरिहार्य रूप से बढ़ी। किसी भी धर्म की रचनात्मकता के लिए असहमति की अभिव्यक्ति काफ़ी महत्त्वपूर्ण होती है, क्योंकि विमर्श से ही विचारों का विकास होता है।

तात्कालिक रूप से एक विशाल/अखंड धर्म से जुड़ी पहचानों से ज़्यादा, पन्थ और जाति प्रासंगिक थी, और यह स्थिति हाल की शताब्दियों तक थी। इस तरह, पौराणिक हिन्दू धर्म की निरन्तरता क़ायम रही, हालाँकि इसमें आस्था तथा उपासना-पद्धति की दृष्टि से कई परिवर्तन हुए, भले ही देवताओं के नाम क़ायम रहे। समाजवादी हिन्दू धर्म में जाति और प्रतिष्ठा का अपना सन्दर्भ था और हरेक 'समाज' अपनी प्रारम्भिक आकांक्षाओं में व्यापक तौर पर क्षेत्रीय बना रहा। आबादी में बड़ी संख्या रखने वाला 'अवर्ण' तबक़ा यादृच्छिक रूप में स्थानीय देवी-देवताओं तथा धार्मिक भक्ति के दूसरे रूपों की उपासना करता था, जिसे शुरू-शुरू में पथभ्रष्टता माना जाता था। पर्याप्त धार्मिक अभिव्यक्ति पन्थ की पहचान के ज़रिये होती थी। भारत में धर्म का अध्ययन करते हुए हमें कई पन्थों के इतिहास, विकास और उनके आपसी संवाद की जाँच करनी चाहिए।

इन सबको एक साथ कैसे समेटा गया था? क्या इन्हें सैद्धान्तिक रूप के अलावा वास्तविक रूप में भी समेटा गया था? हिन्दू धर्म का आविष्कार औपनिवेशिक काल में नहीं हुआ था लेकिन उसके बदलते स्वरूपों तथा उसके साथ जुड़े कई अतिरिक्त स्वरूपों को एक तरह की ऐतिहासिक व्यवस्था तथा स्वरूप प्रदान करने की कोशिश की गई थी। 'स्व' और 'दूसरे पक्ष' के स्वरों को एक ख़ाने में रख दिया गया था, हालाँकि अतीत के ग्रन्थों ने उन्हें अलग-अलग रखा था। इससे 'दूसरे पक्ष' की मौजूदगी को ख़ारिज करना सुनिश्चित हुआ। इस क्रम में इसने उस तत्त्व—बहुलतावाद और उदार लचीलेपन—को काफ़ी कुछ गँवा दिया जिसके कारण यह यूरोप के ईसाई धर्म और पश्चिम एशिया के इस्लाम से भिन्न धर्म बना था।

6. *वर्तमान राष्ट्रवाद के सन्दर्भ में असहमति का आधुनिक आन्दोलन*

अब मैं असहमति के उस बड़े मौक़े की चर्चा करूँगी, जिसने स्वतंत्र तथा लोकतांत्रिक भारत की स्थापना में मदद की। मैंने इस विषय को इसलिए चुना क्योंकि यह असहमति के निर्माण में 'स्व' और 'दूसरे पक्ष' के कुछ पुराने पहलुओं पर आधारित है जिनकी मैं पहले भी चर्चा कर चुकी हूँ। इसके अलावा यह संगठित हिन्दूवाद या हिन्दुत्व के मूलाधारों पर भी सवाल उठाता है। असहमति के इस रूप से हम सभी परिचित हैं। हमारे दौर में यह हर मोड़ पर मौजूद है और पिछली सदी में भी इस पर काफ़ी विचार-विमर्श हो चुका है। कुछ मायनों में यह भारतीय अतीत में उभरी असहमति के पुराने स्वरूपों के तत्त्वों के आंशिक रूप से एकजुट हो जाने की घटना है। ये तत्त्व उन पिछले उदाहरणों से जुड़ते हैं जिन्हें मैंने प्रस्तुत किया है। फिर भी, इन तत्त्वों से इसने अपना समकालिक स्वरूप स्वयं निर्मित किया। मेरे द्वारा प्रस्तुत अन्य उदाहरणों के विपरीत, यह चिन्तन तथा अतीत की गतिविधियों के लिहाज़ से अपनी पृष्ठभूमि से अवगत था, जैसे वे जिन्होंने इस पर प्रतिक्रिया दी। इस लिहाज़ से यह कुछ भिन्न है। मैं उसकी बात कर रही हूँ जिसे गांधी ने 'सत्याग्रह' कहा था।

चूँकि 'सत्याग्रह' भारतीय राष्ट्रवाद का इतना अभिन्न अंग था कि मेरी राष्ट्रवाद के बारे में कुछ बातें कहने की इच्छा हो रही है। भारत में राष्ट्रवाद का प्रारम्भिक तथा व्यापक स्वरूप उपनिवेशवादविरोधी था, जो

कि अधिकतर पूर्व उपनिवेशों का साझा अनुभव था। इसका अर्थ था कि स्वतंत्र नागरिक विभिन्न तरह की उन राजनीतिक रूढ़ियों को चुनौती देने को तैयार है, जो नागरिक की स्वाधीनता में बाधा डाल रही हैं। इस पहचान का निर्माण इस बात को मान्य करता है कि यह नई है। इसके बावजूद, इसके सूत्र अतीत से जुड़े हैं, जिसमें वैधता निहित है। इसलिए इतिहास महत्त्वपूर्ण हो जाता है। उपनिवेशवाद का अनुभव अपने-आप में पर्याप्त महत्त्वपूर्ण ऐतिहासिक परिवर्तन का अनुभव है, जो सन्दर्भित समाज में व्यक्ति की अपने बारे में समझ को बदल देता है।

हमें याद रखना चाहिए कि राष्ट्रवाद काफ़ी महत्त्वपूर्ण ऐतिहासिक परिवर्तन का हिस्सा है जिसने पिछली तीन शताब्दियों में दुनिया के ख़ुद को देखने के नज़रिये को बदल दिया है। औद्योगीकरण के साथ-साथ यह उस दौर की देन है जिसमें वे क्रान्तिकारी नई प्रौद्योगिकियाँ उभरीं, जिनका कई सामाजिक गतिविधियों में प्रयोग पूँजीवाद के आगमन के साथ आसान हो गया। इन दोनों ने उस नये मध्यवर्ग के विकास को प्रोत्साहित किया, जिसने परिवर्तन को नियंत्रित किया और परिणामतः उस समाज पर नई दृष्टि डाली जिसे उसने ख़ुद बनाया था। ज्ञान-विज्ञान की शाखाओं, दर्शन, धर्म, साहित्य और जीवन-शैली के स्तर पर भी नये आविष्कार हुए।

यह परिवर्तन जिन चीज़ों में अभिव्यक्त हुआ उनमें एक था, राष्ट्रवाद का विचार। सामन्ती साम्राज्यों या उपनिवेशों ने जिन पिछली शासन-व्यवस्थाओं को आकार दिया था, उनका सम्बन्ध दूसरे इतिहास से था और उनकी जगह स्वतंत्र राष्ट्र-राज्यों की स्थापना की जानी थी। प्रजा पर राजाओं या ब्रिटिश राज के शासन को एक नई शासन-व्यवस्था यानी जनता द्वारा शासन के लिए जगह बनानी पड़ी। यह एक ऐसी सरकार के ज़रिये नागरिक और राज्यतंत्र के बीच मेल के रूप में सामने आई जो न तो अधिनायकवादी थी और न पराई, बल्कि नागरिकों की प्रतिनिधि थी। इस सरकार का अर्थ था सरकार की पिछली परिभाषा के विपरीत नागरिकों के दृष्टिकोण का प्रतिनिधित्व करना।

यह नागरिक और राजतंत्र के बीच ऐसा रिश्ता होने वाला था जो न केवल अतीत से भिन्न था बल्कि जो नागरिकों के अधिकारों पर आधारित था, जिनकी रक्षा राज्यतंत्र करता था। यह नया रिश्ता नागरिक और राज्यतंत्र के बीच का एक क़रारनामा था जिसे संविधान में दर्ज किया गया। इसलिए, राष्ट्रवाद उन सभी नागरिकों का एकजुट होना था, जो एक स्वतंत्र राष्ट्र-राज्य की स्थापना के लिए समान दर्जा और अधिकार चाहते थे। चूँकि इसमें हरेक नागरिक शामिल था इसलिए राष्ट्र धर्म, स्थानीयता, भाषा या ऐसी किसी पहचान के आधार पर नागरिकों में भेदभाव नहीं कर सकता था। इसलिए धर्म की पहचान पर आधारित और एक धर्म का पक्ष लेते हुए भेदभाव करने वाला राष्ट्रवाद वैधता से वंचित होता है।

हम यह सवाल भी कर सकते हैं कि एक सदी पहले धर्म से जुड़े राष्ट्रवाद की उपस्थिति क्यों थी, चाहे वह कितनी भी महत्त्वहीन क्यों न रही हो। मूलतः यह औपनिवेशिक शासन का जवाब थी, जिसे उन भारतीयों ने इस रूप में देखा था कि इससे राष्ट्र-राज्य का निर्माण आसान हो जाएगा। 1947 में देश के बँटवारे और उसके बाद की घटनाओं की मूल वजहों की तफ़्तीश करते हुए हम दो राष्ट्रों के गठन के लिए साम्प्रदायिक राजनीति को दोष देते हैं, जो सही भी है लेकिन इस प्रक्रिया में उपनिवेशवादी विचारों की गहरी छाप की अनदेखी कर देते हैं।

जैसा कि अधिकतर उपनिवेशों में होता था, उपनिवेश़ की पहचान तय करने वाले उसके पिछले इतिहास को उपनिवेशवादी शासक के नज़रिये से देखा जाता था। उपनिवेशवादविरोधी भारतीय राष्ट्रवाद ने ऐसे इतिहास के कुछ हिस्से को तो क़बूल किया जबकि कुछ को चुनौती दी। इस चुनौती के कारण ही आंशिक रूप से उपनिवेशवादविरोधी वैध राष्ट्रवाद का उभार हुआ। हालाँकि, इतिहास की इस उपनिवेशवादी व्याख्या से राष्ट्रवाद के दो कम वैध स्वरूपों का उभार हुआ, जो धर्म से जुड़े राष्ट्रवाद थे। वे कम वैध इसलिए थे क्योंकि राष्ट्रवाद एकल, सर्वसमावेशी पहचान

की संस्तुति करता है, जबकि धर्म से जुड़ा राष्ट्रवाद एक सोची-समझी, चुनिन्दा पहचान की संस्तुति करता है जो कि सर्वसमावेशी नहीं है और एक को छोड़ बाक़ी सबको ख़ारिज करती है।

आप पूछ सकते हैं कि धर्म से जुड़े राष्ट्रवाद के मूल में उपनिवेशवादी सोच क्यों है? भारत के बारे में उपनिवेशवादी समझ दो राष्ट्र के सिद्धान्त पर आधारित थी। 1817 में जेम्स मिल ने तर्क दिया कि भारतीय इतिहास मूलतः दो क़ौमों—हिन्दू और मुस्लिम—का इतिहास है और वे दोनों एक-दूसरे की स्थायी दुश्मन रही हैं। उपनिवेशवादी विद्वत्ता इसी विचार और इसके परिणामों पर आधारित थी और उसने इस विचार को भारतीय इतिहास और समाज के बारे में हरेक अध्ययन पर लागू किया। इतिहास को तीन कालखंडों में बाँटा गया—हिन्दू, मुस्लिम और ब्रिटिश। इस काल-विभाजन को, जो पूर्णतः अनैतिहासिक था, क़रीब आधी सदी पहले ख़ारिज कर दिया गया, जब इतिहास के प्रति इस उपनिवेशवादी नज़रिये पर सवाल उठाए जाने लगे और इस इतिहास में वर्णित बहुत कुछ छोड़ दिया गया।

लेकिन धर्म से जुड़े राष्ट्रवाद ने इस उपनिवेशवादी सिद्धान्त का पूरे मन से पालन किया, चाहे वह हिन्दू राष्ट्रवाद हो या मुस्लिम। 'इस्लामिक राज्य' और इतिहास के हिन्दुवादी संस्करण पर आधारित 'हिन्दू राष्ट्र', दोनों की अवधारणा भारतीय इतिहास के बारे में उपनिवेशवादी समझ पर आधारित है; और प्रत्येक ने दूसरे को ख़ुद से तथा अपने को उपनिवेशवाद ने विरोधी राष्ट्रवाद से दूर रखा।

मुस्लिम और हिन्दू राष्ट्रों के बारे में उपनिवेशवादी प्रचार ने धर्म से जुड़े राष्ट्रवाद को बढ़ावा दिया। इस्लाम से जुड़ाव रखने वाले पन्थों के साम्प्रदायिक मतभेदों को पहचानना आसान था क्योंकि ऐतिहासिक चिह्न उसे एक संरचना प्रदान करते थे। असहमति के विचारों को व्यवस्थित तरीक़े से दबा दिया गया था और आज भी दबाया जा रहा है जैसे कि सुन्नी-बहुल इलाक़ों में शियाओं पर हमले या ऐसी ही दूसरी घटनाएँ। महमूद गज़नवी द्वारा मुल्तान में शिया मस्जिद पर जो हमला किया गया

था वह मन्दिरों पर किये गए उसके हमलों जैसा ही था जिसे इस्लाम के भीतर संघर्ष को देखते हुए आश्चर्यजनक नहीं समझा जा सकता।

हिन्दू राष्ट्र की अवधारणा को पेश करने के लिए ज़्यादा तैयारी की ज़रूरत थी क्योंकि इसके लिए एक ढाँचा तैयार करने के ऐतिहासिक चिह्न अस्पष्ट थे। यह अतीत की पुनर्व्याख्या करके और इसके साथ ऐसा उद्देश्यवाद जोड़कर किया गया जिसका अन्तिम मक़सद हिन्दू राष्ट्र का निर्माण था। इसके लिए धर्म को ऐसा हिन्दुत्ववादी स्वरूप देने की ज़रूरत थी, जिससे हिन्दुओं को राजनीतिक रूप से सक्रिय किया जा सके और अल्पसंख्यकों की बड़ी आबादी को अलग-थलग किया जा सके। इसी तरह की प्रवृत्ति अल्पसंख्यकों के सबसे बड़े मुस्लिम समुदाय में भी उभर रही थी।

इस तरह की नई स्थिति ने दोहरे राष्ट्रवाद को प्रोत्साहित किया—एक उनका राष्ट्रवाद था जो इसे ऐसा धर्मनिरपेक्ष, समावेशी विचार मानते थे जो उपनिवेशवादविरोधी राष्ट्रवाद को बढ़ावा दे, इसके विपरीत वे लोग थे, जो इसे धर्म से जुड़ा राष्ट्रवाद मानते थे जिसके हिन्दू और मुस्लिम पक्ष अलग-अलग थे और वे एक-दूसरे के विरोध में थे।

लेकिन व्यापक आधार वाले उपनिवेशवादविरोधी राष्ट्रवाद का उद्देश्य अलग ही था। वह भारत को एक ऐसे राष्ट्र के रूप में देखता था जिसके सभी नागरिक समान थे, चाहे वे किसी भी मूल के हों और एक साझा पहचान रखते हों, और जो मिलकर एक स्वतंत्र, धर्मनिरपेक्ष, लोकतांत्रिक राष्ट्र-राज्य की माँग करते हैं। इसमें धर्म से जुड़े दोनों राष्ट्रवादों की तरह कोई अव्वल या विशिष्ट नागरिकता नहीं थी। राष्ट्रवाद को अगर कई पहचानों में से केवल एक पहचान से परिभाषित किया जाए तो वह राष्ट्रवाद नहीं रह जाएगा, बहुसंख्यकवाद का रूप ले लेगा, जो कि धर्मनिरपेक्षवादी लोकतंत्र का विरोधी होगा और फ़ासीवाद का ख़तरा पैदा करेगा। यह अपनी सफलता के लिए एक बलि का बकरा ढूँढ़ता है और वह बकरा अल्पसंख्यक समुदाय होता है जिसकी नस्ल, जिसका

धर्म या जिसकी भाषा अलग होती है और जिसे आस्तीन का साँप बताया जा सकता है। पिछले कुछ वर्षों में हिन्दुत्व से सहानुभूति रखने वाले कई संगठनों द्वारा अल्पसंख्यक समुदायों को बलि का बकरा बनाने की कोशिश की गई है जिसमें उन्हें कुछ हद तक सफलता भी मिली है। इसके अलावा शासन की विफलता से ध्यान हटाने के लिए भी बलि के बकरों की ज़रूरत होती है। हालाँकि, हमें ध्यान रखना चाहिए कि सभ्य समाज किसी भी समुदाय को बलि का बकरा नहीं बनाता।

7. *गांधी का सत्याग्रह*

धर्म से जुड़े राष्ट्रवाद के विपरीत, उपनिवेशवादविरोधी राष्ट्रवाद ने असहमति को ख़ारिज नहीं किया—न तो अपने विकास के क्रम में और न औपनिवेशिक सत्ता के विरोध के क्रम में। इसी विशेषता ने उपनिवेशवाद-विरोधी राष्ट्रवाद को धर्म से जुड़े राष्ट्रवाद से अलग किया। उपनिवेशवाद-विरोधी राष्ट्रवाद ने उपनिवेशवादी सत्ता के विरोध के विभिन्न रूपों को अपने भीतर स्थान दिया बशर्ते वे एकल पहचान को तरजीह न देते हों। गांधी का 'सत्याग्रह' भारतीय राष्ट्रवाद के सबसे प्रमुख स्वरूपों में से एक था। मैं ऐसा इसलिए कह रही हूँ क्योंकि मुझे लगता है कि कुछ हद तक यह भारतीय इतिहास के विभिन्न कालों में उभरी असहमति की पुरानी ऐतिहासिक अवधारणाओं को प्रतिध्वनित करता है। लेकिन मेरी दिलचस्पी इस बात में ज़्यादा नहीं है कि गांधी ने इन विचारों का उपयोग सत्याग्रह के निर्माण में किस तरह किया, बल्कि इसमें है कि वे भारत के लोगों के अवचेतन में कैसे हमेशा से बसे रहे हैं। इस विषय पर हमने जितना ध्यान दिया है उससे अधिक देने की ज़रूरत है। इसलिए मेरा ध्यान आंशिक रूप से उस सोच पर है जो गांधी द्वारा दिये गए सत्याग्रह में प्राचीन विचारों पर आधारित थी, उनमें से कुछ विचारों की चर्चा मैं इस निबन्ध में कर रही हूँ। मेरा ज़्यादा ज़ोर इस सवाल पर है कि गांधी के 'सत्याग्रह' को जो इतना भारी जन-समर्थन मिला उसकी क्या वजह हो सकती है? भारत के लोगों ने उसे किस तरह तरह लिया और उसे इतना ज़बर्दस्त समर्थन क्यों मिला?

भारत में जन-असहमति की सम्भवतः सबसे व्यापक अभिव्यक्ति असहयोग आन्दोलन और उसके बाद सविनय अवज्ञा आन्दोलन में ही हुई, जिनकी अगुआई भारतीय राष्ट्रीय कांग्रेस ने गांधी के नेतृत्व में की। इन्हीं आन्दोलनों ने भारतीय स्वतंत्रता संग्राम को गति प्रदान की। गांधी ने सविनय अवज्ञा के बारे में जो गहन अध्ययन किया था और इसके अलावा इस पर उनके अपने जो विचार थे, उससे जो चीज़ उभरी उसे उन्होंने 'सत्याग्रह' कहा, जिसे सत्य का आग्रह या आत्मा की शक्ति के रूप में समझा जा सकता है। यह किसी विशेष सरकार द्वारा लागू उन आदेशों और क़ानूनों की अवज्ञा करने का अधिकार था जिन्हें नागरिक ग़ैर-क़ानूनी मानते थे। इसका मक़सद ब्रिटिश उपनिवेशवादी भारतीय सरकार को नागरिकों पर कुछ क़ानूनों को थोपने से रोकना था। सविनय अवज्ञा आन्दोलन का उद्‌देश्य इन क़ानूनों का प्रतिकार करना और यह स्पष्ट करना था कि ऐसा क्यों किया जा रहा है। यह विरोध नैतिकता पर आधारित था।

लोकतांत्रिक समाजों में यह विरोध-प्रदर्शन का वैध तरीक़ा है लेकिन तानाशाह शासन इसे अवैध मानता है। विरोध सभी क़ानूनों का नहीं बल्कि कुछ विशेष क़ानूनों का किया जाता है; मूलतः यह नागरिकों के मौलिक अधिकारों और ख़ासकर अभिव्यक्ति की स्वतंत्रता के अधिकार के लिए आवश्यक है। गांधी ने सविनय अवज्ञा का जो आह्वान किया था उसका चरम बिंदु नमक सत्याग्रह था—ब्रिटिश दख़ल और कर मुक्त नमक समुद्र से हासिल करने का सत्याग्रह जो व्यापक प्रतिरोध का केन्द्र बन गया।

इन आन्दोलनों पर असहमति की धारणा के विभिन्न स्वरूपों के तौर पर विचार करते हुए ज़ाहिर सवाल यह उठते हैं—सांकेतिक विरोध को इतना ज़ोरदार और प्रभावशाली समर्थन क्यों मिला? क्या यह ब्रिटिश सामान का बहिष्कार करने या अपनी ज़रूरत का नमक ख़ुद बनाने की सांकेतिकता थी? क्या ये ऐसे प्रतीक थे जिन्होंने भारतीय चेतना को

झकझोर दिया था? क्या यह गांधी का करिश्मा था या उनमें लोगों का गहरा विश्वास था? क्या यह उपनिवेशवाद-विरोधी आक्रोश का विस्फोट था? या क्या ऐसा था कि भारतीय समाज हमेशा से असहमति की एक अन्तर्धारा को स्थान देता रहा है जिसे तब सतह पर लाया जा सकता है जब ऐसे क़ानून लागू किये जा रहे हों जिन्हें ग़ैर-क़ानूनी माना जाता है? इन सवालों के जवाब पाने के लिए प्राचीन काल से भारतीय चिन्तन तथा कर्म में असहमति के तत्त्व की जाँच करनी पड़ेगी। इस पुस्तक में मैं एक तरह से यही कोशिश करती रही हूँ।

यहाँ मैं एक व्यक्तिगत बात कहना चाहूँगी कि इसने मेरी दिलचस्पी को अगर जगाया नहीं तो छुआ अवश्य। मेरी पूरी ज़िन्दगी में एक ही अवसर आया था, जब मैं क्षण-भर के लिए गांधी से मिली और बड़े सहज भाव से हम दोनों के बीच एक मामूली-से विषय पर आधे वाक्य का संवाद हुआ था। इसने, जो प्रकट है, उससे आगे जानने की मेरी दबी हुई इच्छा को मानो एक दिलचस्प तरीक़े से जगाया, जिसे मैं विचार और क्रिया के सन्दर्भ की तलाश कहना चाहूँगी।

1940 के दशक की शुरुआत में मैं पुणे के एक स्कूल में पढ़ती थी। गांधी जब पुणे की जेल में नहीं होते थे तब प्रार्थना-सभाएँ करते थे, जिनमें हम जैसे युवा राष्ट्रवादी ज़रूर शामिल होते थे। एक शाम मैं अपना ऑटोग्राफ़ एलबम लेकर सभा में गई और काफ़ी सहमते हुए गांधी से उस पर उनका ऑटोग्राफ़ माँगा (उन दिनों मोबाइल फ़ोन नहीं थे वरना उनसे सेल्फ़ी का अनुरोध करती)। उन्होंने ऑटोग्राफ़ एलबम पर दस्तख़त करके उसे लौटाते हुए मुझसे पूछा कि मैंने खादी के बजाय मिल के कपड़े की सलवार-कमीज़ क्यों पहनी हुई है और कहा कि मुझे केवल खादी पहननी चाहिए। मैंने तुरन्त हामी भरते हुए उन्हें आश्वस्त किया कि मैं ऐसा ही करूँगी। लेकिन खादी हाथ से काती गई सूत और उससे बुने कपड़े के अलावा क्या थी, जिसे गांधी ने औद्योगीकरण से दूर करके आर्थिक आज़ादी का प्रतीक बना दिया था? क्या अहिंसक तरीक़े

से असहमति का प्रदर्शन आत्म-विश्वास का दावा नहीं था? क्या खादी पहनना सत्याग्रह का ही एक रूप नहीं था?

यह सवाल कुछ हद तक मुझे परेशान कर रहा था क्योंकि मुझे इसमें तत्काल कोई सम्बन्ध नहीं दिखा। एक किशोरवय लड़की के रूप में मैंने चर्चाएँ सुनी थीं कि उपनिवेशवादी अर्थव्यवस्था भारत की तत्कालीन अर्थव्यवस्था को कैसे प्रभावित कर रही है। सविनय अवज्ञा और असहयोग जैसे दूसरे अहम मुद्दों की भी चर्चा हो रही थी, जिन्हें गांधी के निर्देशों से जोड़कर देखा जाता था। इसे व्यापक रूप से इस तरह प्रस्तुत किया जाता था मानो यह अचानक शून्य में से फूट पड़ा हो। यदा-कदा सतही तौर पर इसे 'भारतीय मूल्यों' से जोड़ा जाना भी विश्वसनीय नहीं था। यह सवाल मेरे लिए तब तक अनसुलझा रहा जब तक सन्दर्भ की तलाश करते हुए मैं 'सत्याग्रह' का अर्थ नहीं समझने लगी—और न केवल उसकी अवधारणा को बल्कि यह कि उपनिवेशवादविरोधी राष्ट्रवाद के लिए वह किस तरह प्रासंगिक हो गया। मेरे लिए इससे भी ज़्यादा महत्त्वपूर्ण सवाल यह था कि क्यों और किस तरह यह राष्ट्रीय आन्दोलन में सक्रिय तमाम लोगों के मन में गूँज रहा था क्योंकि इस गूँज के बिना यह सिर्फ़ एक नारा बनकर रह जाता।

भारत छोड़ो आन्दोलन से लेकर रॉयल इंडियन नेवी में 'विद्रोह' तक, 1940 के दशक की तमाम घटनाओं का अपना एक सन्देश था। आज़ादी मिलने ही वाली थी और भविष्य को लेकर तमाम तरह के सवालों पर बहस छिड़ी थी, जैसे एक उपनिवेश धर्मनिरपेक्ष लोकतंत्र में किस तरह बदलेगा? एक भारतीय और स्वतंत्र नागरिक के रूप में हमारी पहचान क्या होगी? राज्यसत्ता, हमारी अपनी चुनी हुई राज्यसत्ता, के साथ हमारा नया सम्बन्ध कैसा होगा? संविधान जो कि नागरिकों और राज्यसत्ता के बीच एक तरह का क़रारनामा था, उसमें नागरिकों के अधिकार और कर्तव्य दर्ज थे। इन तमाम सवालों के ऊपर वे सवाल मँडरा रहे थे जो उन तरीक़ों से जुड़े थे जिनका प्रयोग करके हमने आज़ादी हासिल की

थी। व्यापक मान्यता यह थी कि वह 'सत्याग्रह' की अवधारणा थी जिसने हमारे राष्ट्रीय आन्दोलन को विशिष्टता प्रदान की।

इन वर्षों में मैं ख़ुद से यह सवाल पूछती रही कि यह अवधारणा उपनिवेशवादविरोधी भारतीय राष्ट्रवाद की नींव का इतना मज़बूत पत्थर कैसे बन गई? जैसी कि उम्मीद थी, यह हिन्दू और मुस्लिम दोनों धर्मों से जुड़े राष्ट्रवाद में जगह बनाने में विफल रही। धर्मों से जुड़े राष्ट्रवाद ने इन दोनों धर्मों को राजनीतिक एजेंसियों में बदल दिया। मुस्लिम लीग 'इस्लामिक राज्य' का समर्थन कर रही थी, हिन्दू धर्म का हिन्दुत्ववादी संस्करण राष्ट्रीय स्वयंसेवक संघ (आर.एस.एस.) द्वारा प्रस्तावित हिन्दू राष्ट्र का आधार बन गया। इन अवधारणाओं को लेकर होने वाली राजनीति में भारतीय इतिहास और संस्कृति की उपनिवेशवादी व्याख्याएँ अपना असर दिखा रही हैं।

इस सन्दर्भ को समझने के लिए मैं अतीत में गई और उन विचारों के प्रवाह की संक्षेप में शिनाख़्त करने की कोशिश की जिन्हें भारतीय सभ्यता का आधार माना जाता है। ये विचार भारतीय समाज में पिछली तीन सहस्राब्दियों से अस्तित्व में हैं। अपनी कही गई बात को ही मैं थोड़े अलग ढंग से ज़ोर देते हुए दोहराना चाहती हूँ। चूँकि धर्म का राजनीतिकरण हो गया है इसलिए मैं उस तरीक़े पर ग़ौर करना चाहती हूँ जिस तरीक़े से हमारे समय में हमने धर्मों को नया स्वरूप प्रदान किया। हमने असहमति के किस स्वरूप को अपनाया और मौजूदा दौर में धर्म जिस रूप में है, उससे यह किस तरह जुड़ा?

पिछली दो सदियों में, भारत में धर्मों का पुनर्निर्माण कुल मिलाकर उपनिवेशवादी शोधों के अनुरूप हुआ है, जिसे शायद ही कभी गम्भीरता से चुनौती दी गई, इसलिए इसे मान्यता मिल गई। सामान्य जन का ज़ोर आस्था, अनुष्ठान, और ग्रन्थों पर रहा है, बजाय इस विश्लेषण की गुंजाइश के कि सामाजिक तथा राजनीतिक एकजुटता या समाज में परिवर्तन के एजेंट के रूप में धर्म की पहुँच कितनी विस्तृत रही है। इसने

किन सामाजिक स्वरूपों का गठन या समर्थन किया, और ये पहले से मौजूद स्वरूपों से भिन्न कैसे थे? सहमति और असहमति के बीच का सम्बन्ध क्या था? इन सब पर इतिहास-लेखन में विचार किया जा चुका है लेकिन वे सार्वजनिक विमर्श में पर्याप्त रूप से नहीं आ पाए।

जैसाकि मैं पहले भी कह चुकी हूँ, जब किसी धार्मिक मत को अनुयायी मिल जाते हैं तब वह संस्थाएँ बना लेता है, जो पहले तो उपासना स्थल के रूप में होते हैं, जैसे चैत्य, विहार, मन्दिर, आश्रम, मस्जिद, गुरुद्वारा और गिरजाघर आदि; लेकिन बाद में वे ऐसी संस्थाओं में परिणत हो जाते हैं, जो और लोगों को जोड़ने का माध्यम बनती हैं। स्मारकों को केवल वास्तुविदों और इतिहासकारों की रुचि की वास्तुकला विशेषताओं के लिए नहीं देखा जाना चाहिए। वे उन पर नियंत्रण रखते हैं जो उनका प्रयोग उपासना-स्थल के रूप में और समाजीकरण के ऐसे संस्थानों के रूप में करते हैं जो समाज को धार्मिक मानदंडों से बाँधते हैं। इस बिन्दु पर वैचारिक समर्थन या विरोध वर्चस्व जताने का मामला बन जाता है।

भारत में धर्मों को आम तौर पर अखंड नहीं माना जाता था, ख़ासकर व्यवहार में तो नहीं ही। धर्म को प्रायः एक-दूसरे के बरअक्स खड़े कई पन्थों के रूप में देखा जाता था जिनमें से अधिकतर मौजूदा पन्थों से जुड़े थे और कुछ कटे हुए थे। पूर्व-आधुनिक काल में किसी व्यक्ति के धर्म की पहचान अधिकतर उसके पन्थ या जाति से की जाती थी बजाय हिन्दू या मुस्लिम के व्यापक ठप्पे के, क्योंकि ऐसे ठप्पे इतिहास में देर से उभरे। जब ज़रूरत पड़ती थी, नये पन्थ और देवी-देवता गढ़ लिये जाते थे। यहाँ तक कि पिछली सदी में, हमने एक नई देवी सन्तोषी माँ को 'अवतार' लेते देखा, और साईं बाबा के नाम पर एक नया पन्थ उभर आया।

वैसे, भारतीय धर्मों के बारे में उपनिवेशवादी धारणाओं ने एक अलग साँचा गढ़ा। एक समान दिखने वाले धार्मिक पन्थ कुछ विशिष्ट ठप्पों के अन्तर्गत आपस में जुड़े हुए थे। उपनिवेशवादी सोच के तहत

हिन्दू-मुस्लिम वाले दो खाँचों का इस्तेमाल करें तो ईसाई और यहूदी धर्म को छोड़ बाक़ी गैर-मुस्लिम धर्मों को हिन्दू बताया गया, उनको भी जिन्हें औपनिवेशिक काल से पहले के ग्रन्थों में 'नास्तिक' कहा गया था और जो हिन्दू आस्था का विरोध करते थे। भौगोलिक पहचान धार्मिक पहचान में तब्दील हो गई थी जो भारतीय उप-महाद्वीप में धर्मों की प्रकृति के बारे में भ्रान्ति को दर्शाती थी। क्षेत्रीयता धर्म को परिभाषित नहीं करती।

उपनिवेशवादी विद्वानों ने जिसे हिन्दू धर्म कहा उसके अन्तर्गत कुछ पन्थ ऐसे थे जो एक-दूसरे के सन्देशों और प्रथाओं का खंडन करते थे। इसके निहितार्थों की अनदेखी की गई थी और सबकी समानता पर ज़ोर दिया गया था। 19वीं सदी के मध्यवर्ग में धर्म के प्रति रुचि उसके अपने सामाजिक दायरों तक सीमित थी, और वह समाज के उन वर्गों के धर्मों के प्रति उदासीन था जिन्हें अधिकृत तौर पर अनुसूचित जातियाँ (एस.सी.), अनुसूचित जनजातियाँ (एस.टी.), और अन्य पिछड़ी जातियाँ (ओ.बी.सी.) कहा गया है। जाति-व्यवस्था से बाहर की इन अवर्ण जातियों के धर्मों में लोगों की रुचि न के बराबर थी और उनका हिन्दू धर्म या इस्लाम या किसी भी औपचारिक धर्म की परिभाषा में कोई विशेष महत्त्व नहीं था।

विविध पन्थों की भूमिका को मान्यता न देते हुए, जिनमें कुछ स्थापित धर्म से गहराई से और कुछ सूक्ष्मता से जुड़े थे, हरेक धर्म को उसके साथ जुड़े पन्थों समेत एक विशाल तथा समान धर्म माना जाता था। इस बात को भी नज़रअन्दाज़ कर दिया गया था कि हर धर्म के कुछ अनुयायी थे जो उन असन्तुष्ट तत्त्वों को जन्म देते थे जो उसकी आस्था तथा प्रथाओं पर सवाल उठाते थे। कभी-कभी केवल नियम और मत में परिवर्तन करके गम्भीर विरोधाभासों का समाधान भी किया गया। इसके बावजूद, आम तौर पर पन्थों के बीच धार्मिक संघर्ष था, जैसे वैष्णव बैरागियों और शैव दशनामियों के बीच। आज भी, तमाम तरह के धार्मिक पन्थों में स्थान बनाने वाले हाशिये के पन्थों में असहमतियाँ

उभरती हैं, जो कभी-कभी मुखरित हो जाती हैं और कभी उन पर ध्यान भी नहीं दिया जाता।

भारत में धर्मों की प्रकृति पन्थ निर्धारित करते हैं। धर्म पन्थों की सामूहिकता से बने हैं, जिनमें से कुछ ऐसे हैं जो रूढ़िवाद के क़रीब हैं और कुछ उससे काफ़ी दूर। आस्था लचीली और सामंजस्य बिठानेवाली या विरोधात्मक हो सकती है। नियम और मत से जुड़ाव धर्म को समाज से जोड़ता है जिसमें जाति की अनदेखी नहीं की जा सकती। अतीत में, बड़ी आबादी के लिए पन्थ एक वैध धार्मिक पहचान का साधन हुआ करता था। इसलिए धार्मिक उत्सवों में भागीदारी कई पन्थों के बीच धार्मिक संस्कारों के मिश्रण के लिए खुला अवसर थी जो एक संयुक्त, विशाल, सर्वव्यापी धार्मिक ढाँचे के विपरीत है। धार्मिक प्रथा के निर्माण में जाति और क्षेत्र की भूमिका होती थी। रूढ़िवादिता मूल की ओर अपना झुकाव रखती थी, जबकि असहमत समूह परिधि पर रहते थे इसलिए असहमति का तत्त्व कुछ हद तक हमेशा मौजूद रहता था।

श्रमणवादी धर्मों ने सामाजिक नैतिकता पर काफ़ी ध्यान दिया। यह अहिंसा, करुणा और सामाजिक कल्याण के प्रति उनकी प्रतिबद्धता में अभिव्यक्त होता था। ऐसा नहीं था कि सामाजिक नैतिकता का तत्त्व ब्राह्मणवाद में नहीं था लेकिन जहाँ धर्मशास्त्र प्रभावी था वहाँ उसमें दोहरापन आता गया।

श्रमणों के असहमति वाले विचारों का कुछ अंश उनकी उन आस्थाओं और प्रथाओं में अभिव्यक्त हुआ जिनका ब्राह्मणवाद से मेल नहीं था, और कुछ उनकी जीवन-शैली में जो स्थापित समाज की जीवन-शैली का विकल्प बताई जाती थी। जैसा कि मैंने पहले भी कहा है, संन्यासियों या त्यागी के रूप में श्रमणों को तपस्वी न समझा जाए। हरेक का उद्देश्य भिन्न है। क्या गांधी को वास्तव में तपस्वी कहा जा सकता है, यह बहस का विषय हो सकता है। यह कहना ज़्यादा

उपयुक्त होगा कि वे संन्यासियों/त्यागियों के दर्शन से प्रभावित थे, और मैं यही कहना चाहती हूँ।

असहमति ने केवल संन्यास की परम्परा ही शुरू नहीं की, उसके कारण यह विचार भी किया जाने लगा कि धर्म सामाजिक मानदंडों की एक संस्था है। संन्यासियों की असहमति ने कई रूप लिये, जिनमें से कुछ को भक्ति सन्तों ने आगे बढ़ाया। कबीर, दादू, रविदास, चोखामेला जैसे सन्तों के विचारों ने सामाजिक नैतिकताओं को रेखांकित किया, और जाति प्रथा पर सवाल उठाए। वे ख़ुद दमित जातियों से थे, उनसे यही अपेक्षा की जा सकती थी। लेकिन धर्म पर एकतरफ़ा ध्यान केन्द्रित करते हुए हमने इस पहलू को दरकिनार कर दिया। इसलिए, ऐतिहासिक दृष्टि से, धार्मिक आस्थाओं में विविधता जारी थी और कुछ पन्थों ने स्थापित विचारों से स्पष्टतः असहमति व्यक्त की।

संन्यासियों और बाद में भक्ति और सूफ़ी धाराओं से जुड़े पन्थों के द्वार सबके लिए खुले थे और वे धर्मशास्त्र के नियमों पर सवाल उठा सकते थे और उठाते भी थे, हालाँकि ऐसा वे शायद सीधे तौर पर नहीं करते थे। एक वैकल्पिक समाज का उनका सपना किसी हिंसक सामाजिक क्रान्ति से बना होगा, इसकी अपेक्षा नहीं की जा सकती थी। यह निकट सम्पर्कों की प्रक्रिया से सामाजिक परिवर्तन की कामना करता था। मूलतः यह लोगों का झुकाव अपने चिन्तन की ओर बढ़ाकर असहमति को व्यक्त करने और वैधता प्रदान करवाने का एक तरीक़ा था, जिसमें सामाजिक नैतिकता और अपना उपास्य चुनने की स्वतंत्रता पर ज़ोर दिया जाता था। इस स्वतंत्रता ने संन्यासियों, सन्तों, पीरों को व्यापक तौर पर लोगों की नज़रों में एक हद तक नैतिक सत्ता प्रदान की, जिसने आगे चलकर सत्याग्रह आन्दोलन में महत्त्वपूर्ण भूमिका निभाई। हालाँकि भिक्षुओं, सन्तों और पीरों को संन्यासी नहीं समझा जाता था। नैतिक अधिकार को भी संन्यास से नहीं जोड़ा जाना चाहिए। संन्यास की अवधारणा औपनिवेशिक काल के विमर्श के दौरान चर्चा में आई। सामाजिक समता और न्याय

की माँग ऐसी थी जिसका स्थापित धर्मों ने सहर्ष समर्थन नहीं किया, सिवाय यदा-कदा सैद्धान्तिक समर्थन देने के। संन्यास लेना असहमति की अभिव्यक्ति थी। फिर भी, हिन्दू धर्म के सिवा दूसरे जो धर्म, मसलन इस्लाम और सिख, ज़्यादा औपचारिकता का पालन करते थे उन्होंने अपने धर्म में शामिल होने वाली निचली जातियों को क्रमशः 'पसमांदा' और 'मज़हबी' नाम दिया।

त्यागी पन्थों की नैतिक संहिताओं में सबसे प्रमुख था हर तरह की हिंसा का निषेध। हिंसा का निषेध करने के मामले में अहिंसा की अवधारणा पर काफ़ी विचार-विमर्श होता रहा है और आज भी जारी है। दूसरा सवाल यह है कि क्या अहिंसा उन शारीरिक आवश्यकताओं से जुड़ी है, जो हिंसा को हतोत्साहित करती हैं? इसलिए खाने में क्या खाया जाता है, कुछ लोगों के लिए यह बहुत महत्त्वपूर्ण था, उनके लिए भोजन शाकाहारी ही होना चाहिए था। उपवास शारीरिक शुद्धि और शरीर पर नियंत्रण रखने का एक तरीक़ा था। लेकिन व्यक्तिगत उद्देश्य के लिए किये जाने वाले आमरण उपवास को किसी सामाजिक प्रतिरोध के लिए किये जाने वाले उपवास के समान नहीं माना गया था।

8. *विरोध की सामाजिक अभिव्यक्ति*

विरोध की अभिव्यक्ति अलग-अलग संस्कृतियों और समाजों में अलग-अलग स्वरूप लेती रही है। चीन और यूरोप के विपरीत जहाँ हिंसक क़िस्म के किसान-विद्रोह हुए, प्राचीन काल के भारत में ऐसे विद्रोह का शायद ही कोई उल्लेख मिलता है। हालाँकि, आन्दोलन का ख़तरा अक्सर मँडराता रहता। प्राचीन काल में किसानों के विरोध ने पड़ोसी साम्राज्य में प्रवास का रूप लिया। बताया गया है कि सम्राटों को ऐसे विस्थापन से ख़तरा महसूस होता था क्योंकि इससे राजस्व का नुक़सान होता था। बाद के काल में अवश्य किसानों और कारीगरों द्वारा विद्रोह की धमकी के कुछ उल्लेख मिलते हैं।

शहरी आबादी की ओर से हुए विरोध ने दूसरे रूप लिये। इनमें से एक तो गांधी के संग्रह में भी शामिल था। इसे कई नामों से जाना जाता था, जिनमें से एक था 'धरना' जो राजस्थान और गुजरात में जाना-पहचाना था। इसकी सफलता की वजह यह थी कि इसे 'चारण' और 'भाट' जैसे ख़ास वर्ग ने अपनाया। इन लोगों को ज्ञान का भंडार माना जाता था, जो शासक की सत्ता को वैधता देने के लिए महत्त्वपूर्ण था। यह इस बात का एक और उदाहरण है कि लोग आधिकारिक रूप से चुने गये व्यक्ति को नहीं बल्कि ऐसे व्यक्ति को सत्ता प्रदान करते थे जिसे समाज के अभिन्न, सम्मानित अंग के रूप में देखा जाता था। आज, औपचारिक सत्ता पर अत्यधिक निर्भरता के कारण इस वर्ग का विरोध वह काम नहीं कर पाता जो पहले करता था, लेकिन उसकी

भूमिका को मान्यता देना यह बताता है कि समाज कुछ काल पहले किस तरह चला करते थे।

इन चारणों की कुछ गतिविधियाँ सत्ता के लिए ज़रूरी थीं क्योंकि सत्ता को निरन्तर वैधता की ज़रूरत होती है। ये चारण शासकों और कभी-कभी महत्त्वपूर्ण पदाधिकारियों के वंश का इतिहास रखा करते थे, इसी कारण वे वंश के इतिहास के दस्तावेज़ रखने वाले बन गए। सत्ताधारी वंश के इतिहास की वंशावली का ऐतिहासिक तथ्यों के माध्यम से दावा करके ये उस वंश की वैधता स्थापित करते थे। चारणों की अपनी सामाजिक स्थिति नीची होती थी लेकिन प्राचीन काल से उन्हें अक्षुण्ण सम्मान हासिल था और विवादों में मध्यस्थता करने के लिए बुलाया जाता था।

सत्ता के कई रूप होते हैं। कुछ स्थितियों में नैतिक सत्ता राजनीतिक सत्ता से ऊपर मानी जा सकती है। यह इस विश्वास के साथ जुड़ा होता है कि एक विशेष तरह के व्यक्ति को उसकी स्थिति और कर्म के आधार पर नैतिकता से परिपूर्ण मान लिया जाता है। चारणों को यह सत्ता हासिल थी। जब उसे भरोसा हो जाता था कि लोग जो विरोध कर रहे हैं वह वैध है, तो वह उसकी अगुआई करता था। उस विरोध का समर्थन करने के लिए वह शाही महल की दहलीज़ पर बैठ जाता, संघर्ष के समाधान तक भूख हड़ताल करता या स्वैच्छिक अनशन करके अपनी जान तक देने के लिए तैयार रहता था।

अनशन का प्रभाव इस पर निर्भर करता था कि अनशन करने वाला व्यक्ति नैतिक सत्ता से सम्पन्न हो और उसे शासकों और प्रजा से भी सम्मान हासिल हो। उसकी शक्ति अदृश्य लेकिन इस सम्मान पर आधारित होती थी। उसका विरोध-प्रदर्शन अगर न्याय की माँग के लिए होता था तभी वैध होता था। अनशन के कारण हुई चारण की मृत्यु शासक के लिए विनाशकारी होती थी। इस प्रकार, अनशन के कारण जो ख़तरा पेश होता था उससे वे डरते थे। असहमति और नैतिक चुनौती के रूप में अनशन का जो दोहरा मक़सद था वह विरोध प्रकट करने के पुराने रूपों

के लिए अज्ञात नहीं था। अनशन इस विरोध को दबा देता था और उसे हिंसक होने से रोक देता था।

क्या इसमें और गांधी द्वारा किये गये अनशन में कोई समानता देखी जा सकती है? ब्रिटिश राज ने इसे खुलकर भले न स्वीकार किया हो लेकिन उनका हरेक अनशन अंग्रेजों की राजनीतिक सत्ता के लिए चिन्ता का कारण बनता था क्योंकि वे एक राष्ट्रीय हस्ती थे। 'महात्मा' की उपाधि लोगों पर उनकी नैतिक सत्ता की पुष्टि करती थी। अनशन अन्याय के विरोध में होता था लेकिन यह डर भी रहता था कि अगर इसने प्रभावी रूप धारण किया तो यह गम्भीर ख़तरा बन सकता है जिसे अच्छी तरह समझ लिया गया था। गांधी ने अहिंसक प्रतिरोध को जिस रूप में प्रस्तुत किया वह राष्ट्रीय आन्दोलन का एक तत्त्व बन गया। हमेशा अहिंसा का पालन करने में अक्षमता एक महत्त्वपूर्ण मुद्दा बन गया।

9. *क्या 'सत्याग्रह' को भारी जनसमर्थन असहमति की परम्परा की देन था?*

अब मैं इस गतिविधि के परिणामों पर चर्चा करूँगी। विभिन्न स्तरों की असहमति त्याग की परम्परा के मूल में वैसे ही थी जैसे कि 'सन्तों' के उपदेशों के मूल में। तो क्या हम यह सवाल कर सकते हैं कि गांधी के 'सत्याग्रह' को जनता का जो समर्थन हासिल हुआ वह कुछ हद तक जाने-अनजाने इस परम्परा से उपजा था? मैं फिर दोहराऊँगी कि मुझे गांधी द्वारा आविष्कृत 'सत्याग्रह' के विचार के स्रोत की ज़्यादा परवाह नहीं है बल्कि मुझे इस बात से ज़्यादा सरोकार है कि उसे भारत की जनता से इतना भारी और सकारात्मक समर्थन क्यों मिला। मेरे तर्क का ज़्यादा ज़ोर इस विचार पर है कि त्याग के दर्शन में और सामाजिक न्याय की तलाश करते सन्तों के चिन्तन में जिस सामाजिक नैतिकता की बात की गई है उसको लेकर उनकी चिन्ता के चलते असहमति का जो एक प्रकट स्वरूप उभरा उसने शायद जनता को सत्याग्रह का समर्थन करने के लिए प्रोत्साहित किया। क्या त्याग को लेकर श्रमणों के चिन्तन, और बाद में व्यक्तिगत आत्म-परिभाषा के भक्ति तथा सूफ़ी स्वरूपों का मेल गांधी के सत्याग्रह के प्रति भारतीय जनता की प्रतिक्रिया में कुछ हद तक प्रतिध्वनित हुआ?

20वीं सदी के आरम्भ में, उत्तर प्रदेश (संयुक्त प्रान्त) और बिहार के किसान आन्दोलन में अवध के बाबा रामचन्द्र और संन्यासी और साधु के रूप में विख्यात स्वामी सहजानन्द सरस्वती सरीखे नेता शामिल थे।

उनकी पृष्ठभूमि चाहे जो भी रही हो (वह विविध थी), वे एक संन्यासी होने का संकेत देते थे और कभी-कभी तो इससे ज़्यादा यह संकेत देते थे कि वे असहमति का आह्वान करने वाली हस्ती हैं। यह मामला असहमति से कहीं ज़्यादा का है क्योंकि यह ज़मींदारों और प्रशासन की ओर से लगाए गए करों और उठाई गई माँगों के विरोध का था। इतिहासकारों ने इन आन्दोलनों का विस्तार से वर्णन और विश्लेषण किया है, मैं उनके ही लेखों का सन्दर्भ दूँगी।

उदाहरण के लिए, 1921 में उत्तर प्रदेश के गोरखपुर में किसानों ने विशाल रैलियाँ कीं। इस दौरान होनेवाले ज़्यादातर सम्भाषणों का केन्द्र गांधी के विचार और कार्य थे जिन्हें शासन द्वारा दर्ज किया जाता था, और अब उन्हें गांधी के बारे में तत्कालीन जनता के जो विचार थे उनकी पुष्टि के लिए इस्तेमाल किया जाता है। कहा जाता था कि उन्होंने सबके कल्याण के लिए संन्यासव्रत लिया था। कभी-कभी भक्ति की सर्वश्रेष्ठ परम्परा में उन्हें 'गुरु गांधी' के रूप में सन्दर्भित किया जाता है। उनकी कुछ गतिविधियों को साधुओं की गतिविधियों के समान बताया जाता है। माना जाता है कि वे चमत्कारी व्यक्ति थे, जो उन्हें 'पवित्र पुरुषों' में शामिल करता था। ग़ौरतलब है कि ऐसे चमत्कारी व्यक्ति को 'रईस', 'कुलीन' या 'ब्राह्मण' समुदाय का नहीं माना जाता था (हालाँकि कुछ किसान नेता ऐसे ही परिवारों से आए थे), लेकिन जो व्यक्ति 'हम लोगों में से ही एक था' उसे आगे चलकर महात्मा के रूप में स्वीकार किया गया। ब्राह्मण लोग अनुष्ठान कराते थे, चमत्कार नहीं करते थे लेकिन गांधी की चमत्कारी शक्तियाँ संन्यासियों और सन्तों से जुड़ी शक्तियों के समान मानी गईं। चमत्कार जिन कल्पनाओं पर आधारित होते हैं वे प्रायः हरेक धर्म में पाई जाती हैं। ज़्यादा व्यावहारिक पहलू में, और उतनी ही गहरी आस्था से यह विश्वास किया जाता था कि गांधी ब्रिटिश सरकार को किसानों से वसूले जाने वाले किराये और करों को घटाने के लिए राज़ी कर लेंगे।

सत्याग्रह की अवधारणा की गांधी ने जो परिभाषा गढ़ी वह उन लेखकों के विचारों से प्रेरित थी जिन्हें उन्होंने ख़ूब पढ़ा था और जिनके बारे में ख़ूब लिखा भी था तथा जिनकी ख़ूब चर्चा भी रही है, जैसे तोल्स्तोय, थोरो, और ख़ास तौर से रस्किन। जैन धर्म पर उन्होंने रायचन्द भाई से लम्बी बातचीत की थी, जैसी कि उन्होंने अपनी माताजी और गुजरात के उन कई लोगों से की थी जो जैन धर्म की ओर झुकाव रखते थे। भक्ति सन्तों, ख़ासकर 15वीं सदी के सन्त नरसी मेहता की गुजराती रचनाओं का भी अध्ययन उन्होंने किया था। मैं यह समझने की कोशिश कर रही हूँ कि विरोध-प्रदर्शन के इस स्वरूप में ऐसा क्या था जिसने जनता के दिल को छू लिया था।

हिन्दू धर्म से गहरे जुड़े जिन ग्रन्थों का गांधी ने अध्ययन किया वे अलग श्रेणी के थे; उदाहरण के लिए, 'गीता' का गहन अध्ययन और 'ब्रह्मचर्य' के प्रति आकर्षण। क्या अतीत से जारी वैकल्पिक सांस्कृतिक आदर्शों की व्यापकता ने उन्हें ऐसी प्रथा शुरू करने को प्रेरित किया जिसे एक अनुभूत परम्परा के हिस्से के रूप में पनपे विचारों की देन के तौर पर देखा जाता है? हो सकता है गांधी और उनके समर्थकों के ऊपर इसकी छाप हमारी उम्मीद के लिहाज़ से कम रही हो। क्या सत्याग्रह का स्वरूप और औचित्य असहमति ज़ाहिर करने की कहीं ज़्यादा मज़बूत परम्परा को छू रहा था? कुछ लोगों का कहना है कि वे 'ब्रह्मचर्य' के आदर्श का पालन कर रहे थे लेकिन 'ब्रह्मचर्य' किसी प्रतिरोध और असहमति से नहीं उभरा। यह रूढ़िवाद की एक स्वीकार्य जीवन-पद्धति और संन्यास की तरह एकल व्यक्ति की आत्म-अभिव्यक्ति थी। सामाजिक नैतिकता के मुक़ाबले इसका ज़्यादा ज़ोर पुनर्जन्म से मुक्ति पर था। इसे महिलाओं को महत्त्वपूर्ण स्थान देना स्वीकार्य नहीं था। सत्याग्रह इससे भिन्न था क्योंकि यह मुख्यत: एक राजनीतिक अभिव्यक्ति थी। मैं यह नहीं कह रही कि भारतीय परम्परा ने गांधी के विचारों और कर्मों के निर्धारण में सबसे प्रमुख भूमिका निभाई, लेकिन व्यापक तौर पर हावी सांस्कृतिक आदर्शों

ने उनके विचारों के निर्माण में अवचेतन भूमिका निभाई। इसके अलावा, इसने गांधी का समर्थन करने वाले व्यक्ति को वह भावबोध प्रदान किया जिसके बूते वह विशेष विचारों और कर्मों के निर्धारण में आदर्शों की निरन्तरता को पहचान सके।

'सत्याग्रही' के निर्माण में संन्यासियों से समानताएँ ज़्यादा ग़ौरतलब हैं। प्रभावी होने के लिए दीक्षा की अवधि ज़रूरी मानी गई, हालाँकि कुछ लोगों के मामले में कुछ अपवाद भी रखे गए। संकल्प लेने या नियमों के पालन की सहमति देने के कुछ उल्लेख मिलते हैं। इसके अलावा, आश्रम में रहने के अनुशासन काफ़ी कड़े थे जो एक महिला मनुबेन के संस्मरणों से पता चलता है। 'सत्याग्रह' कोई मठ सम्बन्धी अनुशासन नहीं था, फिर भी इसके अपने नियम, समीकरण और अपनी पहचान थी। शायद ही कोई शिक्षा को अनुशासन के आंशिक रूप में समायोजित करने के अवचेतन प्रयास को देख सकता है जो सम्भवतः इसे संस्था की दिशा में ले जाता है। यह सविनय अवज्ञा को अनियंत्रित गतिविधि बनाने से रोकने के लिए था।

माना जाता था कि 'सत्याग्रही' अगर ब्रह्मचर्य का पालन करता है तो यह अधिक नैतिक दबाव डालने के लिए बेहतर होगा, हालाँकि इस पर ज़ोर नहीं दिया जाता था। प्रतिरोध में अहिंसक 'स्वदेशी' आन्दोलन शामिल था, जैसे विदेशी सामान का बहिष्कार, ख़ासकर विदेशी वस्त्रों का, जो ब्रिटेन के औद्योगीकरण से जुड़ा था। यह सविनय अवज्ञा का वह पहलू था जिसके सरोकार ज़्यादा व्यापक थे। मिल के कपड़ों का बहिष्कार और खादी का प्रयोग लुडाइट आन्दोलन (19वीं सदी के इंग्लैंड में कपड़ा मिलों के आधुनिकीकरण के ख़िलाफ़ बुनकरों का आन्दोलन) की तरह नहीं था बल्कि यह असहमति दर्ज करने का एक तरीक़ा था और बताता था कि यह क्यों ज़रूरी था।

त्याग के कुछ प्रतीक भी उभरे। सत्याग्रह के पीछे नैतिक शक्ति—आत्मबल—की ताक़त थी, जो सविनय अवज्ञा का आह्वान कर रही

थी। यह एक तरह से उस बात को भी प्रतिध्वनित कर रही थी जो तमाम तरह के संन्यासियों को कई तरह से ताक़त प्रदान करती है। गांधी को 'महात्मा' नाम दिया गया जो, ग़ौरतलब है कि एक ऐसा सम्मान जिसे उन्होंने अस्वीकार नहीं किया, आंशिक रूप से उनकी नैतिक ताक़त को मान्यता देता था। ऐसी ताक़त के लिए किसी पद या आधिकारिक दर्जे की ज़रूरत नहीं थी। इसकी शक्ति उस शिक्षा में विद्यमान थी जो समाज के लिए आवश्यक सामाजिक नैतिकता का समर्थन करती थी। इसकी ताक़त उन लोगों के हाथ में थी, जो नेतृत्व का दावा करने वाले व्यक्ति के नेतृत्व को स्वीकार करते थे।

श्रमणवादी धर्म की तरह 'सत्याग्रह' की एक मूल शर्त हिंसा का प्रयोग न किया जाना था। हिंसा का प्रयोग नैतिक सत्ता को नष्ट करता है। 'अहिंसा' को उपनिवेशवादी शासन का, और उसके द्वारा राष्ट्रवादी आन्दोलनकारियों के ख़िलाफ़ की गई निरन्तर हिंसा का सामना करना पड़ा। ब्रिटिश राज में 'इन्कलाब ज़िन्दाबाद' और 'आज़ादी' के नारे लगाने वालों पर लाठियाँ बरसाई गईं, और उन्हें गिरफ़्तार करके जेल में डाल दिया गया। कई स्तरों और मौक़ों पर हिंसा और सत्ता परस्पर सम्बद्ध होते हैं जो हिंसा को राजनीतिक गतिविधियों के दायरे में ला देता है। हिंसा का प्रयोग जब सशर्त किया जाता है, जिसे आपातकालीन या शर्तों पर आधारित कहा जा सकता है—जैसा कि गीता में कहा गया है कि बुराई का नाश करने के लिए हिंसा की अनुमति दी जा सकती है—तब वह प्राय: राजनीतिक दायरे से सम्बन्ध रखती है जिसमें हत्याओं से लेकर युद्ध तक शामिल हैं। अहिंसा का संकल्प चाहे वे राजा हों या सेनापति या सैनिक, चाहे वे बौद्ध हों या जैन, उन्हें दुश्मनों की हत्या करने से नहीं रोकता था।

अहिंसा और सत्य के प्रति प्रतिबद्धता सहिष्णुता के विचार को रेखांकित करती है। सदियों से शासक सहिष्णुता की ज़रूरत पर ज़ोर देते रहे हैं, जो बताता है कि सहिष्णुता को न तो हल्के में लिया जा सकता है और न ही वह निरपवाद रूप से आम रही है। सत्ता के लोभी लोगों

में इसकी हमेशा कमी पाई जाती है। अगर सहिष्णुता प्रचलित होती तो उसके लिए बार-बार आह्वान करने की ज़रूरत नहीं पड़ती। अहिंसा की अवधारणा से जो चीज़ असम्बद्ध न थी और जिस पर गांधी अक्सर ज़ोर देते थे, वह था निष्काम कर्म। निष्काम कर्म के बारे में एक ऐसे कर्म के तौर पर विचार किया जाता रहा है जिसमें व्यक्तिगत लाभ का हिसाब नहीं रखा जाता है। अगर इसका विस्तार करके इसमें साध्य तथा साधन की नैतिकता को और अपने कर्मों के लिए व्यक्ति की ज़िम्मेदारी को शामिल किया जा सके तो अहिंसा से इसका जुड़ाव ज़्यादा उपयुक्त हो जाएगा।

संन्यासियों के अधिकतर पन्थ मौजूदा व्यवस्था को पलटने के लिए चिन्तित नहीं थे, बल्कि शुरुआत में वे कम-से-कम एक बेहतर विकल्प बनाना चाहते थे। वे जैसा समाज बनाना चाहते थे उसका ख़ाका उनके पास था और उसकी परिकल्पना वे वास्तविकता को पुनःपरिभाषित करके प्रस्तुत करते थे। वे वर्तमान को समझते थे और भविष्य के लिए उनके पास योजनाएँ थीं। वे दूरदर्शी लोग थे। यहाँ उनमें से एक भक्ति सन्त रविदास का उल्लेख करना सही है जिन्होंने एक ऐसे समाज की कल्पना की थी जिसमें सभी समान होंगे और यह, उनके मुताबिक़, दुखों के मूल कारण को नष्ट कर देगा।

सभी धर्मों को समान सम्मान दिया जाता था। इसने सम्भवतः इस तथ्य की पुष्टि की कि अधिकारों की समानता 'सत्याग्रह' के लिए अति आवश्यक है। सत्याग्रह की अपनी कोई धार्मिक पहचान नहीं थी, हालाँकि इसमें जिस धर्म का पालन किया जाता था वह दूसरे धर्मों के मुक़ाबले ज़्यादा समान था। अगर किसी क़ानून के कारण व्यापक कष्ट होता हो तो उसका उल्लंघन करना एक नैतिक अधिकार था, लेकिन यह फ़ैसला करने का अधिकार किसे था? क्या गांधी 'महात्मा' कहे जाने के कारण उस अधिकार का इस्तेमाल कर रहे थे? यह दुविधा तब और गहरी हो जाती है जब, 'गीता' में, आपद या सशर्त अहिंसा यानी व्यापक रूप से व्याप्त बुराई के ख़िलाफ़ युद्ध में हिंसा का प्रयोग किया जा सकता है, को

स्वीकार कर लिया जाता है। फिर भी, 'सत्याग्रही' को अहिंसक तरीक़ों और उस व्यवस्था के बारे में अपने विचार को स्वीकार कराने के लिए दूसरों को समझाना-बुझाना होता है जिस व्यवस्था में साधन और साध्य परस्पर विरोधी नहीं माने जाते हैं।

हिंसा समझाने-बुझाने का काम नहीं करती, इसकी जगह वह भय और आतंक से काम लेती है। अफ़सोस की बात है कि यह प्रक्रिया अपनी सत्ता का दावा करने वालों के अन्दर के मनुष्य को नकारती है और हिंसा का भय ग़ुलामों को अधीनता स्वीकार करने के लिए प्रोत्साहित करता है। असहमति अक्सर किसी एक स्तर पर होती है और इसके बारे में बात नहीं की जाती। फिर भी यह ज़रूरी है क्योंकि सत्ता-सन्तुलन से जुड़े सभी रूपों में इसकी उपस्थिति होती है। असहमति सत्ता में बैठे लोगों को ग़ुलामों के प्रति नफ़रत का बर्ताव करने की छूट देती है। अन्यथा गांधी और ठीक उसके बाद की पीढ़ी ने ग़ुलाम बनाने वालों को कभी 'दीमक' न कहा होता।

अधिक जटिल मसला तब सामने आया जब 'सत्याग्रह' का प्रयोग व्यापक सामाजिक सन्दर्भ में किया गया। इसमें अस्पृश्यों समेत सभी जातियों की समानता शामिल थी। कुछ असहमत पन्थों ने जिस तरह सभी जातियों की स्थिति को समान बताया था क्या वह समाज के सवर्णों और अवर्णों, दोनों पर लागू होती थी या केवल सवर्णों पर लागू होती थी? व्यवहार में, इस उच्चता-क्रम का किस तरह सामना करना था? गांधी इसके नतीजों के बारे में अवगत थे लेकिन समाधान अभी भी दूर था। यह न केवल लोगों के तत्कालीन जीवन को प्रभावित कर रहा था बल्कि अगर कोई पुनर्जन्म में विश्वास करता था, जैसा कि बहुत-से लोग करते थे तो अगले जन्म को भी प्रभावित करनेवाला था। कई लोगों का मानना था कि व्यक्ति एक जन्म में जो कर्म करता है उससे तय हो जाता है कि उसका अगला जन्म किस योनि में होगा। लेकिन कर्मों का आकलन यदि जाति और धर्मशास्त्र के नियमों के आधार पर किया जाता है तो जातियों

के उच्चता-क्रम को निष्प्रभावी करने के लिए नियमों को बेहिचक ख़ारिज करना पड़ेगा। लेकिन ऐसा तर्क चन्द लोग ही देते थे।

श्रमणवादी पन्थों का दावा था कि मठों में जातियों के नियमों का पालन नहीं किया जाता। व्यापक सामाजिक पैमाने पर देखें तो कुछ भक्ति सन्त भी जातियों का विरोध करते थे, ख़ासकर वे जो निचली जातियों से आये थे। गांधी का मानना था कि अगर सवर्ण जातियों के लोग अवर्णों के हिस्से कर दिये गये निचले स्तर के काम करना शुरू कर दें तो यह कलंक मिट सकता है। लेकिन तब तक जाति में अन्य कई जटिलताएँ भी उभरने लगी थीं जिनके सामने यह नाकाफ़ी था। संन्यासी की तरह 'सत्याग्रही' से अपनी जातिगत पहचान ख़त्म करने को नहीं कहा जाता था।

'सत्याग्रह' के प्रति आकर्षण इसी से ज़ाहिर होता है कि सविनय अवज्ञा आन्दोलन के लिए आह्वान पर बड़ी संख्या में लोगों ने इसका समर्थन किया। हमें ख़ुद से यह सवाल पूछना चाहिए कि अवज्ञा के इस स्वरूप का निर्माण कैसे हुआ। क्या यह अन्याय के विरोध में जो असहमति उभरती थी, उसके जारी रहने की प्रतिध्वनि थी? इसने राष्ट्रीय भावना को उभारा लेकिन जब इसे विरोध-प्रदर्शन में प्रकट करने का मौक़ा आया तो इसने इस भावना को हिंसक क्रान्ति से विलग भी किया। यह अपने चरित्र के प्रति ईमानदार था, क्योंकि अतीत में भी ऐसे आन्दोलनों ने हिंसक क्रान्ति से अलग दिशा पकड़ी थी। क्या यह तर्क दिया जा सकता है कि विरोधी व्याख्याओं ने दूसरे सम्प्रदायों के बरअक्स एक सम्प्रदाय का आकार लिया इसलिए औपचारिक धर्मों के बीच बड़े पैमाने पर हिंसा की जगह साम्प्रदायिक संघर्षों की सम्भावना ज़्यादा थी?

उपनिवेशवादी व्यवस्था में 'सत्याग्रह' ने विरोध करने वालों को और विरोध की वजह को (चाहे वह वजह नमक रही हो या कपड़े, या लोगों की आज़ादी) स्पष्ट तौर पर दृश्यमान किया। आन्दोलनकारी यही चाहते थे लेकिन सत्ता-पक्ष यह नहीं चाहता था। दृश्यता सविनय अवज्ञा की ताक़त का स्रोत है। इस तरह का विरोध उपनिवेशवादी शासन के

मातहतों द्वारा शासन के ख़िलाफ़ नैतिक शक्ति के प्रदर्शन के बूते अपनी हैसियत के दावे को रेखांकित करता था, जो उपनिवेशवादी सत्ता के अनुभव के बाहर की चीज़ थी।

ज़ाहिर है, गांधी ने अपनी पुस्तकों में उस सबके बारे में कम ही लिखा है, जो श्रमणों के ग्रन्थों में पाया जाता है। ख़ास तौर पर भगवद्गीता के उनके गहन अध्ययन से तुलना की जाए तो ऐसे स्रोतों में उनकी औपचारिक दिलचस्पी कम ही दिखती है। फिर भी यह तथ्य, कि सत्याग्रह हिंसक विरोध के मुक़ाबले असहमति को समाहित कर सकता हैं, संकेत करता है कि इन विचारों का अस्तित्व था, चाहे वे कितने भी अश्रव्य क्यों न रहे हों। 20वीं सदी के पूर्वार्द्ध के भारत में चिन्तन, समाज और राजनीति में जो जटिलताएँ थीं उनको देखकर ऐसा लगता है कि उस परिदृश्य में एक प्रमुख प्रतिभागी ने भारत के अतीत से हासिल असहमति के कुछ स्वरूपों के सत्य को थाम रखा हो और उनका सहज प्रयोग असहमति के एक नये स्वरूप के निर्माण में किया हो। इसका स्वीकार प्रभावी है।

आप सवाल उठा सकते हैं कि क्या गांधी ने 'गीता' की जो संस्तुति की है वह 'सत्याग्रह' में अहिंसा पर ज़ोर देने के उनके आग्रह का खंडन करती है। उन्होंने 'गीता' के जिस अनुवाद से शुरुआत की थी वह गुजराती के अलावा एडविन आर्नोल्ड का अंग्रेजी अनुवाद 'द सॉन्ग सेलेशियल' था, जो 1885 में प्रकाशित हुआ था और उस समय काफ़ी पढ़ा जाता था। उस समय की प्रमुख चर्चा यह थी कि बाइबिल और क़ुरान की तरह 'गीता' को हिन्दू धर्म का एकमात्र पवित्र ग्रन्थ माना जा सकता है।

'गीता' के मूल पाठ में जो अध्याय जोड़े गए थे उन्हें मिलाकर पूरे ग्रन्थ का ऐतिहासिक विश्लेषण किया जा चुका है और अब तक यही माना जाता है कि यह ईसाई युग के आसपास की रचना है। इसके बाद सदियों से इस पाठ पर निरन्तर टीकाएँ की जाती रही हैं। 19वीं सदी में यह प्राच्य विद्या के उन यूरोपीय विशारदों की लहर पर सवार होकर कहीं और ज़्यादा महत्त्वपूर्ण होकर उभरी, जो पूरब में ज्ञान की तलाश कर

रहे थे। ब्रह्मविद्यावादियों (थियोसोफ़िस्टों) ने इसे प्रमुख ग्रन्थ के रूप में अपना लिया और इसका व्यापक प्रसार किया। कुछ ने इसे नीति कथा के रूप में लिया और इसकी ऐतिहासिकता के सवाल को किनारे कर दिया। डब्ल्यू. बी. यीट्स, टी. एस. इलियट, और क्रिस्टोफर इशरवुड जैसे तमाम बुद्धिजीवी इसके विचारों की ओर आकर्षित हुए।

अरविन्द और बाल गंगाधर तिलक सरीखे कई राष्ट्रवादियों ने इसे सम्भवतः इसलिए अपनाया क्योंकि इसका उपयोग उचित माँगों और न्याय की ख़ातिर संघर्ष करने वालों के कर्तव्य के रूप में हिंसा के प्रयोग को स्वीकार्य बनाने के लिए किया जा सकता था। अगर उपनिवेशवादी शासन बुरा है, तो इसके ख़िलाफ़ हिंसा का प्रयोग जायज़ है। उपनिवेशवाद-विरोधी राष्ट्रवाद भी औपनिवेशिक शासन के विरुद्ध असन्तोष का एक रूप था। 'गीता' का उद्‌देश्य तमाम तरह की समस्याओं से घिरे व्यक्ति की दुविधाओं का समाधान और मुक्ति है। सामाजिक स्तर पर समस्याओं का समाधान करना इसका उद्‌देश्य नहीं है। यह वैकल्पिक समाज का सपना नहीं दिखाती।

दिलचस्प बात यह है कि 'गीता' काफ़ी हद तक हिंसा और राजनीतिक कर्म से जुड़े सवालों पर केन्द्रित है। जैसा कि कुछ लोगों का कहना है, गीता का अधिक उपयुक्त पाठ 'महाभारत' के शान्ति पर्व के 12वें खंड को माना जा सकता है, जिसमें इस विषय पर स्पष्ट रूप से ज़ोर दिया गया है। माना जाता है कि इस ग्रन्थ के इस खंड को बाद में जोड़ा गया और यह मौर्यकाल के बाद की बात है। इस खंड में बताया गया है कि कुरुक्षेत्र के युद्ध के बाद युधिष्ठिर के राजतिलक की अपेक्षा की जा रही थी मगर उन्होंने राजतिलक कराने से मना कर दिया, वे संन्यास लेकर वन में रहना चाहते थे। उनका कहना था कि राजा बनने का अर्थ है कई तरह की हिंसा और हत्या करना, शाही शिकार से लेकर अन्तहीन अभियानों तक, और यह सब उन्हें स्वीकार नहीं था।

युद्ध के बारे में बात करते हुए युधिष्ठिर ने प्रश्न उठाया कि जब

कुछ लोगों, जैसे क्षत्रियों का कर्तव्य दूसरों की हत्या करना है, तो युद्ध को धार्मिक कैसे कहा जा सकता है? उनके पितामह भीष्म ने युद्धक्षेत्र में शरशैया पर पड़े होने के बावजूद इस तरह की हत्याओं को उचित ठहराया क्योंकि अपनी भूमि और प्रजा की रक्षा करना राजा का कर्तव्य है। यह संवाद विमर्श के ज़रिये असहमति की खोज का एक उत्तम उदाहरण है। युधिष्ठिर अन्ततः राजा बनने को राज़ी हुए, लेकिन भारी मन से।

'अहिंसा' जिनके लिए बिना शर्त पूर्ण प्रतिबद्धता थी, स्वाभाविक रूप से वे लोग उनसे भिन्न होंगे जिनके लिए अहिंसा शर्त से बँधी हुई थी, जैसा कि 'गीता' में कहा गया है। हिंसा के प्रति युधिष्ठिर की आपत्ति नैतिक और नीतिसम्मत है। यह विमर्श उस समय हिंसा पर होने वाली बहस को प्रतिध्वनित कर सकता है जिसे सम्भवतः अशोक के काल के कई विद्वानों द्वारा अहिंसा को 'धम्म' के एक महत्त्वपूर्ण पहलू के रूप में बढ़ावा दिया गया। (उदाहरणार्थ संदर्भ-ग्रन्थ सूची के खंड 9 में देखें : जे.एल. फिट्ज़गेराल्ड और एन. सुट्टन की पुस्तकें) इस संवाद में अहिंसा को दिया गया सशर्त केन्द्रीय महत्त्व जो उसे कुछ हद तक सीमित करता है, क्या वह तत्कालीन श्रमणवादी विमर्श को एक तरह से रियायत देता है? जैसे कि नेहरू के विपरीत गांधी बुद्ध और बौद्ध धर्म में जो दिलचस्पी रखते हैं वह अपेक्षाकृत सीमित थी। वे अतीत के क्रमवार अध्ययन में भी दिलचस्पी नहीं रखते थे। इतिहास शायद ऐसा विषय नहीं था, जो उन्हें बौद्धिक तौर पर प्रेरित करता हो।

निस्सन्देह हमारे अतीत में हिंसा और असहिष्णुता की घटनाएँ हुआ करती थीं। इस बात से भी इनकार नहीं किया जा सकता कि अहिंसक असहमति की एक वैध परम्परा रही है। अहिंसक असहमति के स्वरूप बदलते समाज के साथ बदलते रहे, हमें इन स्वरूपों को पहचानना होगा और यह भी पता लगाना होगा कि उनका किस तरह और कब इस्तेमाल किया गया। गांधी ने असहमति के एक अलग स्वरूप का निर्माण किया, जैसा कि उनसे पहले दूसरे लोग भी कर चुके थे। राजनीतिक हिंसा पर

युधिष्ठिर यह तर्क देते दिखते हैं कि जब धार्मिक विचार और उनके परिणाम राजनीतिक सक्रियता को प्रेरित करने वाली भूमिका में आ जाते हैं तब उनका मूलभूत उद्देश्य बदल जाता है और राजनीति ही चिन्तन और कर्म को निर्धारित करने लगती है। असहमति, मतभेद और बहस के अधिकार को उन विविध पद्धतियों में देखा जा सकता है जिनमें उन्हें रूपायित किया गया है। हाल के दिनों में 'सत्याग्रह' एक प्रभावी स्वरूप रहा है।

उपसंहार | *क्या हमें अतीत में उभरी असहमति की आवाज़ों को याद रखना चाहिए और यह पता लगाना चाहिए कि वे आज हमसे किस तरह बात करती हैं?*

मैंने यह बताने की कोशिश की है कि असहमति, विरोध, मतभेद आदि न केवल भारत के अतीत में विद्यमान रहे हैं बल्कि समकालीन विचारों और प्रथाओं के साथ अन्तर्क्रिया के ज़रिये उन्होंने ऐसे नये सांस्कृतिक मुहावरे रचे हैं जिन्हें आज आप भारतीय सभ्यता, संस्कृति, परम्परा या जीवन-पद्धति कहते हैं। असहमति के स्वरूपों को मान्यता देना और समाज के साथ उनकी अन्तर्क्रिया पर नज़र रखना अतीत तथा वर्तमान के उन संवादों के परिणामों को समझने के लिए आवश्यक है, जो 'स्व' और 'दूसरे पक्ष' के इर्द-गिर्द मँडराते रहे हैं और रूढ़िवाद तथा असहमति के बारे में बात करते हैं; यह हमें यह देखने के लिए भी प्रोत्साहित करता है कि हम वर्तमान की परिकल्पना कैसे करते हैं और इससे भविष्य के क्या संकेत मिलते हैं; यह एक धर्मनिरपेक्ष लोकतांत्रिक समाज या उससे भी आगे एक न्यायपूर्ण समाज की स्थापना की हमारी कोशिशों की राजनीतिक जड़ों को भी मान्य करता है।

मैंने तर्क देने की कोशिश की है कि आरम्भिक कालों में असहमति को अधिकतर संन्यास/त्याग के विभिन्न रूपों या वैकल्पिक सन्देश के साथ एक नया सम्प्रदाय स्थापित करके व्यक्त किया जाता था लेकिन हमेशा ऐसा नहीं होता था। पूर्व-आधुनिक काल में इसके साथ कोई-न-कोई धार्मिक मुहावरा या कारण जुड़ा होता था जिसके कारण इसे आसानी से

पहचान लिया जाता था और इसका एक निश्चित सामाजिक दायरा होता था। हमें इसके धार्मिक सन्देश को समझने की कोशिश तो करनी ही चाहिए साथ ही उसके व्यापक सन्दर्भ को भी समझना चाहिए।

आधुनिक काल में होने वाला राष्ट्रवाद का उदय समाज के भीतर होने वाले मौलिक परिवर्तन का हिस्सा है। आज के समय में असहमति निश्चय ही नई अभिलाषाओं को व्यक्त करती है हालाँकि अहसमति के रास्ते जाने-पहचाने या नया रूप लिये हो सकते हैं। राष्ट्र-राज्य की स्थापना, इसकी सम्प्रभुता के लिए संघर्ष और ग़ुलामों, दासों तथा प्रजा के बजाय पूर्ण अधिकारसम्पन्न स्वतंत्र नागरिकों का होना वर्तमान तथा भविष्य के लिए एक नया दृष्टिकोण प्रदान करता है। अब असहमति के प्रदर्शन के लिए धर्म को आधार बनाने की आवश्यकता नहीं है बल्कि नागरिकों के अधिकारों का मुद्दा लेकर नागरिक समाज की बात की जा सकती है। इस ऐतिहासिक परिवर्तन को सत्तासीन और सत्ताधीन, दोनों समूहों द्वारा समझा, पहचाना और उसकी प्रशंसा की जानी चाहिए। असहमत कुछ पुराने रास्तों का प्रयोग भी कर सकते हैं जैसाकि पिछली शताब्दी में उनकी पहचान से स्पष्ट था। लेकिन इसे बदले हुए सन्दर्भ के अनुरूप नये रास्ते भी लेने होंगे।

हमें असहमत विचारों को ख़ामोश करने के बजाय उनकी अपेक्षा करना, उन्हें स्वीकार करना, और उन पर विचार-विमर्श करना सीखना होगा। हमारे समय में असहमति को स्पष्टत: श्रव्य, अन्याय के विरुद्ध और लोकतांत्रिक अधिकारों के पक्ष में होना चाहिए। असहमति का अर्थ हिंसात्मक विद्रोह नहीं है। यह अशान्ति पैदा करने वाले प्रश्नों के उत्तर ढूँढ़ने के लिए किया जाने वाला एक सभ्य विमर्श है, जो ज़रूरी है।

असहमति के ये स्वरूप भारतीय चिन्तन में पश्चिम से आयातित नहीं हैं, जैसा कि उन लोगों का कहना है जो समाज में असहमति के प्रभावों को समझने के लिए तैयार नहीं हैं। असहमति केवल तार्किक दर्शन की पीठ पर सवार नहीं होती, उसकी जड़ें विचारों की बहुलता में होती

हैं, जो चिन्तन-पद्धति और जिये गए अनुभवों से पैदा होती हैं। उनका विस्तार भारतीय दार्शनिक परम्परा में हुए कई विमर्शों से लेकर उन सभी की असहमतियों तक है जो जनता के सम्पर्क में रहते थे और सार्थक जीवन जीने की विविध पद्धतियों के बारे में उपदेश देते थे।

अपने विचारों को स्पष्ट करने के लिए मैंने तीन ऐतिहासिक उदाहरण लिये हैं, जिनमें एक-एक सहस्राब्दी का फ़ासला है, और हर एक को शुरू में 'दूसरे' के रूप में प्रस्तुत किया गया था। इस तरह, निस्सन्देह उन्होंने असहमति के केन्द्र बनाए। पहले उदाहरण में सामान्य द्वैत था, जबकि दूसरे और तीसरे उदाहरण में दूसरा पक्ष और उसके विविध प्रकटीकरणों की परतों के साथ एक विषमता थी। ये प्रकटीकरण 'स्व' के दृष्टिकोणों की तमाम अभिव्यक्ति को सम्बोधित थे। बदलता ऐतिहासिक सन्दर्भ भी चाहता है कि हम पिछले काल के मुक़ाबले जो अन्तर है उस पर विचार करें। कुछ विचारों का विरोध किया गया और उन्हें ख़ारिज कर दिया गया। कुछ विचार प्रमुख समाज के चिन्तन में समाहित कर लिये गए, तो कुछ को चाहकर या न चाहते हुए एक और पन्थ के बरअक्स रखकर समायोजित किया गया। हमें पता होना चाहिए कि इन प्रक्रियाओं से कौन-से सामाजिक सम्बन्ध उभरे और उन्हें किस दृष्टि से देखा गया? इतना ही महत्त्वपूर्ण सवाल, जिसे हम शायद ही उठाते हैं, यह है कि विभिन्न पन्थों ने इन सामाजिक सम्बन्धों को किस दृष्टि से देखा? या 'दूसरे पक्षों' के नज़रिये में इन ऐतिहासिक क्षणों को किस दृष्टि से देखा जाएगा?

अपनी पिछली संस्कृतियों को हम सामान्यतः इतिहास के अलग-अलग कालों में स्थापित 'स्व' के चश्मे से देखते हैं, जो सुखद भी है और सुविधाजनक भी। या हम वर्तमान की अपनी रूढ़ियों को उनकी उपयुक्तता की जाँच किये बिना अतीत पर आरोपित कर देते हैं। इस तरह हम अतीत पर दोहरी पहचान थोपते हैं, जबकि वे अस्तित्व में नहीं थीं। हम उन लोगों के ग्रन्थों या पुस्तकों को अहमियत देते हैं, जो सत्ता

में होते हैं चाहे वे राजा-महाराजा हों या कुलीन तबक़े या धर्मशास्त्री, और दूसरों के विचारों को दरकिनार कर देते हैं जबकि वे उस धर्म के बहुसंख्यक अनुयायी हैं। अपनी परम्पराओं और सांस्कृतिक विरासत को परिभाषित करने में जहाँ 'दूसरे पक्ष' के दृष्टिकोण की महत्त्वपूर्ण उपस्थिति होनी चाहिए, हम इसे उससे भी अलग रखते हैं जिसे समायोजित किया गया और उससे भी जिसे चुनौती दी गई, और ऐसा हम क्यों करते हैं इसका कोई सामान्य-सा कारण बताते हैं। फिर भी यह ज़रूरी परिप्रेक्ष्य होगा।

धर्म और समाज के बीच के समान धरातल को समझने के लिए हमारा यह समझना ज़रूरी है कि औपचारिक धर्म, और अनौपचारिक रूप से विकसित होते पन्थ समाज से रू-ब-रू होने की प्रक्रिया में लगातार बदल रहे थे, ठीक उसी तरह जिस तरह चिन्तनधाराओं के पुराने और बाद के संस्करण बदल रहे थे। इस प्रक्रिया में कोई भी अपरिवर्तित नहीं रहा, तथा यह निरन्तर जारी एक प्रक्रिया थी और है। नई सोच या तो जो पहले से है उसकी पुष्टि करने के लिए उभरती है, या अलग-अलग पैमाने पर चुनौती देने के लिए। 'स्व' को 'दूसरे पक्ष' के बिना नहीं समझा जा सकता, और न ही 'दूसरे पक्ष' को दरकिनार किया जा सकता है। जहाँ पहचान मज़बूती से स्पष्ट कर दी गई हो, वहाँ 'दूसरे पक्ष' की मौजूदगी ज़्यादा साफ़ नज़र आती है और पहचानों तथा सामाजिक श्रेणियों को परिभाषित करती है। यह जितना आज सच है, उतना अतीत में भी था।

धर्म पहचान का केवल एक चिह्न है। इसके साथ दूसरे चिह्न, जैसे पेशा, जाति व सामाजिक प्रतिष्ठा, भाषा, क्षेत्र, और पर्यावरणीय सन्दर्भ आदि भी जोड़ने पड़ते हैं। इसलिए हरेक धर्म को उसके व्यापक सामाजिक क्षेत्र में होने वाले परिवर्तनों के साथ जोड़कर देखना पड़ता है। ऐसा क्यों होता है कि कुछ धार्मिक पन्थ शुरू में तो 'दूसरे पक्ष' का स्वरूप लेकर उभरते हैं लेकिन बाद में 'स्व' का हिस्सा हो जाते हैं। उदाहरण के लिए, लिंगायत समाज में एक शक्तिशाली उपस्थिति के रूप में बने रहे, और कबीरपंथी खो गए। इसका जवाब उनके उपदेशों तक

सीमित नहीं है बल्कि इसके विपरीत इस तथ्य में मिलता है कि उन्होंने विभिन्न सामाजिक समुदायों से कैसा सम्बन्ध रखा।

धर्म कभी स्थिर नहीं रहते। समाज बदलते हैं, और इनके साथ जुड़े धर्म भी बदलते हैं क्योंकि धार्मिक पहचान कभी भी शून्य में से नहीं उभरती। कुछ पहचानों को विरासत के रूप में देखा जाता है और कुछ को 'दूसरे पक्ष' के प्रति प्रतिक्रिया के रूप में, चाहे यह प्रतिक्रिया समाज के भीतर से उभरे या बाहर से। किसी औपचारिक धर्म को परिभाषित करना तब कठिन होता है जब इसके साथ ऐसे कई पन्थ जुड़े हों जो परिवर्तन के प्रति संवेदनशील हों और इसके ख़िलाफ़ प्रतिक्रिया प्रदर्शित करें और कभी-कभी वे एक-दूसरे की सीमाओं का अतिक्रमण भी करते हों। वे अक्सर 'दूसरे पक्ष' की तरह सवाल उठाते हुए या विकल्प प्रस्तुत करते हुए शुरुआत करते हैं। अगर पौराणिक धर्म को लेकर शैव दशनामी और वैष्णव बैरागी पन्थों के बीच गम्भीर मतभेद थे, तो क़ुरान को मानने वाले बरेलवियों और देवबन्दियों के बीच भी गहरे मतभेद थे। क्या जारी रहता है, क्या बदल जाता है, और यह सब क्यों होता है, हम इसी की खोज कर रहे हैं और यह खोज निरन्तर जारी है।

समाज के हर वर्ग की धार्मिक अभिव्यक्ति में अन्तर होता है। निचले पायदान पर उपस्थित वर्ग की जनसंख्या सबसे ज़्यादा थी और है साथ ही एक बड़ी संस्कृति का आधार भी। लेकिन इन समूहों में आस्था और प्रथा के लिहाज़ से धर्म और भी विविधरूपी है, जो इसे काफ़ी लचीला बनाता है। कुलीन तबक़े में सामाजिक तथा धार्मिक पहचान पहले भी मज़बूती से बँटी हुई थी और अब भी है जो संख्या के लिहाज़ से हमेशा अल्पसंख्यक रहा है। कुछ अपवादों को छोड़कर, समर्थकों की बड़ी संख्या वाले पन्थों में आम तौर पर ज़्यादा अतिक्रमण होता है। लेकिन पहचान पूरी तरह शून्य से नहीं बनती। चाहे उनका मूल जो भी रहा हो, वे अपनी पहचान निरन्तर बदलते रहते हैं। यह प्रक्रिया एक तरह से सांस्कृतिक सहजीविता है, ख़ासकर जहाँ सामना प्रारम्भिक विशिष्ट संस्कृतियों के बीच होता है।

हम एक धर्म के प्रभुत्व को मानते हैं और यह भी मानते हैं कि यह कई दूसरे धर्मों को आकर्षित करता है या उस एक को अलग-थलग कर देता है जिसके बारे में हम एकदम अलग तरीक़े सोचते हैं। इतिहास के मध्ययुगीन काल को हम भारत में इस्लाम के वर्चस्व का काल मानते हैं, लेकिन इस बात की अनदेखी कर देते हैं कि इस काल में विभिन्न धर्मों ने आपसी गहन सम्पर्कों के मद्देनज़र क्या आकार लिया। पहली सहस्राब्दी के उत्तरार्द्ध में दक्षिण भारत में भक्ति आन्दोलन के कई स्वरूप उभरे लेकिन दूसरी सहस्राब्दी में वे तुरुष्कों के अधीन क्षेत्रों में पौराणिक हिन्दू धर्म का महत्त्वपूर्ण उप-महाद्वीपीय चेहरा बन गये। कुछ शुरुआती इस्लामिक संस्थाओं ने 'स्व' और 'दूसरे पक्ष' का सामना करते हुए अलग स्वरूप धारण किये। यह परिवर्तन क्यों ज़रूरी था?

मैंने यह बताने की कोशिश की है कि यदि हम इस काल को एक सख़्त औपचारिक द्वैत के रूप में देखते हैं तो वह हमारे इतिहास की विशेषता बताने वाले कई तरह के 'स्व' और 'दूसरे पक्षों' के बीच के सम्पर्कों की व्याख्या देने में असमर्थ हो जाता है। द्वैत लीपापोती में मदद करते हैं और ज़रूरी बारीकियों को मिटा देते हैं। परिदृश्य में उभरे कई पन्थों ने अपनी-अपनी जगह बनाने की जो कोशिश की उस प्रक्रिया में या तो उन्हें समायोजित किया गया या उन्हें चुनौती दी गई या एक-दूसरे के बरअक्स रखा गया। इसलिए, असहमति का स्वरूप वैसे-वैसे बदलता गया जैसे-जैसे वह परिदृश्य में जगह बदलती गई। मैंने जो तीन उदाहरण दिये हैं वे प्रारम्भिक टकराव वाली स्थितियों के थे, जिन्हें अन्ततः नया स्वरूप देकर, समायोजित करके या एक-दूसरे के बरअक्स रखकर निबटा दिया गया। इसने असहमति या समायोजन के दूसरे स्वरूपों के लिए रास्ता बनाया।

केवल यह कहना काफ़ी नहीं है कि जैसे भारतीय चिन्तन-पद्धति और व्यवहार में हमेशा से कई 'स्व' रहे हैं उसी तरह एक 'दूसरा पक्ष' या कई 'दूसरे पक्ष' भी रहे हैं। हरेक की वजह का विश्लेषण बदलती

पहचानों की रोशनी में किया जाना चाहिए। जहाँ 'दूसरा पक्ष' असहमति की आवाज़ है, वहाँ इस असहमति का संज्ञान लेना ज़रूरी है क्योंकि अपनी प्रकृति के कारण यह अपने बारे में हमारी धारणा को भी प्रतिबिम्बित करती है, चाहे हम अपनी पहचान को किसी भी संस्कृति से जोड़ते हों। एक-दूसरे से जुड़े हुए या एक-दूसरे से दूर खड़े कई पन्थ जटिल एवं भिन्न-भिन्न विचारों का प्रतिनिधित्व करते हैं, जिन्होंने अतीत में 'स्व' और 'दूसरे पक्ष' को गढ़ा था। इसने आस्था, भावना और जिज्ञासा के मुक्त आचरण की इजाज़त इस तरह दी कि वे हमारे आज के एकल, विशाल, द्वैत पहचानों के लिए जुनून को ख़ारिज कर देते हैं। 'दूसरे पक्ष' की असहमति और 'स्व' के साथ इसकी अन्त:क्रिया की इस परम्परा के कारण ही हम भव्य चिन्तन के उन कई क्षणों से रू-ब-रू होते हैं, जो कई साहित्यिक और दार्शनिक शैलियों में सहमति या असहमति के संवादों में प्रकट होते हैं।

असहमति की निरन्तरता के बारे में बात करते हुए मैं वर्तमान तक की कहानी बताना चाहूँगी और उस बात का उल्लेख करूँगी जिसे मैं उस तरह की असहमति की गहरी प्रतिध्वनि और उसका समकालिक रूप मानती रही हूँ जिसका हम अतीत में बार-बार अनुभव करते रहे हैं। कई तरह से यह गांधी के 'सत्याग्रह' को आगे बढ़ाती है लेकिन एक भिन्न सन्दर्भ में। मैं नागरिकता क़ानून/सी.ए.ए. और राष्ट्रीय नागरिक रजिस्टर/एन.आर.सी. के ख़िलाफ़ प्रदर्शन का ज़िक्र कर रही हूँ, जो नई दिल्ली के शाहीन बाग़ से शुरू होकर पूरे देश में कई स्थानीय शाहीन बाग़ों के रूप में फैल गया, और कोविड-19 वायरस की महामारी के बाद ही इस पर विराम लगा।

एक सुबह मैं अपने दो मित्रों के साथ शाहीन बाग़ गई और धरना दे रही कुछ महिलाओं से बात की। वहाँ जमा ज़्यादातर महिलाएँ थीं जिनमें से अधिकांश मुस्लिम समुदाय से थीं। उनके साथ बातचीत से साफ़ हो गया कि उन्हें मालूम था कि वे किस चीज़ का विरोध कर रही हैं, और

सी.ए.ए. का क्या असर पड़ने वाला है। उनका कहना था कि उन्हें जिन चीज़ों का डर है उन पर उनसे बात की जाए और उन्हें आश्वासन दिया जाए कि उनके नागरिक अधिकार ख़त्म नहीं किये जाएँगे। वे राज्यतंत्र के ख़िलाफ़ विरोध नहीं कर रही थीं और न वे आतंकवादियों का समर्थन कर रही थीं। इस मुद्दे और इससे जुड़े मामलों से असम में पैदा हुई उलझन से लोगों को जो तकलीफ़ हुई थी उसके मद्देनजर उनकी माँग जायज़ थी।

वहाँ धरना दे रही महिलाओं की शालीनता और उनके गहरे सरोकारों को देखकर मैं काफ़ी प्रभावित हुई। हालाँकि वे भारी तादाद में जमा थीं लेकिन माहौल शान्त था, लगभग अनुशासित प्रदर्शन हो रहा था, बीच-बीच में सी.ए.ए. पर उनकी चिन्ताओं को लेकर कोई वक्ता भाषण देकर बातचीत करने की माँग दोहराता, और राष्ट्रगान गाया जाता। भाषण कम हो रहे थे, शान्ति और सभ्य तरीक़े से बातचीत ज़्यादा हो रही थी। किसी प्रकार की अश्लील, अपमानजनक भाषा का प्रयोग नहीं हो रहा था, न ही किसी को मारने का आह्वान किया जा रहा था, जैसा कि कुछ वरिष्ठ राजनीतिज्ञों द्वारा कहीं और किया गया था। शाहीन बाग़ विरोध पूर्ण रूप से अहिंसक था। वह इसलिए प्रभावशाली था क्योंकि उसमें शामिल महिलाएँ वे थीं जो सभी प्रकार की पृष्ठभूमियों से आई थीं और सदियों से प्रताड़ित होती रही थीं और आज भी हैं। एक भारतीय महिला होने के नाते मुझे उन महिलाओं पर गर्व महसूस हुआ। वे मेरी हमवतन थीं और अपने विरोध को पूरे विश्वास के साथ जायज़ बता रही थीं।

यह या इस जैसे कई अन्य आन्दोलन इतिहास में एक ऐसे बिन्दु पर उभरे जो मध्यवर्गीय शहरी भारतीय समाज में परिवर्तन को इंगित करता है और महिलाओं द्वारा इनका आयोजन व इनमें भागीदारी की जाती है। महिलाओं का जन्म और नागरिकता से जुड़े मुद्दे पर बोलना पूरी तरह उचित है। यह पूर्व अनुमानित है। भले ही इसे प्रतीकात्मक रूप में लिया जाए, लेकिन हम जानते हैं कि केवल माँ ही बच्चे की पहचान और जन्म स्थान के बारे में अधिकारपूर्वक बोल सकती है।

इसके अलावा यह तथ्य भी उतना ही महत्त्वपूर्ण है कि इस आन्दोलन का आधार धर्म को नहीं बनाया गया था। उनका आन्दोलन धर्मनिरपेक्ष प्रकार का था जिसे नागरिकता सम्बन्धी अधिकारों के मुद्दे से जोड़ा गया। कई वर्षों बाद मैंने उपनिवेशवादिवरोधी राष्ट्रवाद की जड़ों से इतर असहमति का अलग रूप देखा था। इसके सर्वसमावेशी स्वरूप को समझने में मुझसे कोई ग़लती नहीं हो रही थी। इसने मुझे 1940 का वह दशक याद दिलाया जब मैंने बहुत कम उम्र में उपनिवेशवादिवरोधी राष्ट्रवादी आन्दोलन में भागीदारी की थी।

महिला होने के बावजूद वे पूरे साहस के साथ डटी हुई थीं, बावजूद इसके कि आजकल अल्पसंख्यक समुदायों के लोगों और समूहों—विशेषकर मुस्लिम और ईसाई समुदाय को व्यापक रूप से निशाना बनाया जा रहा है।

ऐसा इसलिए भी है क्योंकि उन धर्मों की उत्पत्ति भारत की सीमाओं से बाहर के स्थानों पर हुई है और हिन्दुत्व के अनुसार वे विदेशी हैं। दलितों को भी नागरिकों के रूप में अपने छोटे-से-छोटे अधिकारों की माँग उठाने के एवज में निशाने पर लिया गया है। पिछली शताब्दी में कई देशों के इतिहास में इसका उल्लेख मिलता है। अराजक परिस्थितियों में भी उन्हें अशान्ति उत्पन्न करने के आरोप में आसानी से बलि का बकरा बनाया जा सकता है।

इन्हीं मौक़ों पर आप लोकतंत्र पर आधारित शासन-पद्धति और उस शासन-पद्धति के बीच के अन्तर को साफ़ देख सकते हैं, जो नागरिकों को अपने अस्तित्व के बारे में चिन्तित करने वाली बातों में रुचि नहीं होती। क्या सत्तासीन सरकार और शासित होने वाले नागरिकों के बीच संवाद नहीं होना चाहिए? हमें लोकतंत्र में विद्यमान उस व्यवस्था को पुनरुज्जीवित करना चाहिए जब ऐसे अवसर पर सरकार और नागरिकों

के बीच संवाद हो सकता था और ऐसा केवल विधायिकाओं के माध्यम से नहीं बल्कि नागरिकों और निर्वाचित विधायकों के बीच बातचीत से भी सम्भव हो सकता था। ऐसे विषयों और नीतियों की कोई कमी नहीं है जिन पर चर्चा किये जाने की आवश्यकता है। कार्यपालिका के बहुत से सदस्य हैं—कई प्रशासनिक शाखाएँ और क़ानून-व्यवस्था को नियंत्रित करने वाली संस्थाएँ हैं—जिन्हें उस समाज के साथ संवाद स्थापित करना चाहिए जिसकी सेवा करने के लिए उन्हें चुना गया है। न्यायपालिका का स्वरूप स्वतंत्र संस्था का है, जो शासन की ज़्यादतियों पर लगाम कसती है। लोकतंत्र की रक्षा करने वाली ये संस्थाएँ जब संविधान के अनुसार काम करने में विफल होती हैं तब नागरिकों को और लोकतांत्रिक व्यवस्था को भी चोट पहुँचती है।

सविनय अवज्ञा लोकतंत्र के लिए नुक़सानदेह नहीं है, बल्कि यह इन तीनों संस्थाओं को यह याद दिलाने का काम करती है कि उनसे किस तरह काम करने की अपेक्षा की जाती है। मुझे यह बात उम्मीद से भर देती है कि मैं असहमति की जिस तरह की अभिव्यक्ति से हमेशा जुड़ी रही हूँ वह समाज में सर्वश्रेष्ठ रही है और वह हमारे लोगों में प्रतिध्वनित होती रही है। असहमति के एक स्वरूप के तौर पर सविनय अवज्ञा केवल उपनिवेशवादविरोधी गतिविधि या अवज्ञा का कार्य नहीं रही है। असहमति के रूप में उसकी सम्भावना उपनिवेशवाद से पहले से क़ायम है और यह शासित तथा शासक, दोनों को सम्बोधित करती है बशर्ते उसे चुप न कराया जाए। भविष्य को लेकर एक और बात ने भी मुझे उम्मीद से भर दिया वह है इस आन्दोलन को युवाओं का भरपूर समर्थन मिलना। उनके लिए भी यह असहमति की एक जायज़ अभिव्यक्ति थी। अलग-अलग पृष्ठभूमि से आए छात्रों और अन्य युवाओं ने इसका समर्थन किया। युवाओं का ही भविष्य हमेशा दाँव पर लगा होता है और वे जानते हैं कि उसे कैसे सुरक्षित रखना है।

असहमति को प्राय: क़ानून-व्यवस्था की समस्या के रूप में प्रस्तुत

किया जाता है। ऐसा नहीं होगा अगर वह ऐसा हिंसक विरोध नहीं हो जो हर किसी के जीवन को बाधित करता हो। इसे रोकने के लिए राज्य के भय की ज़रूरत नहीं होती। ज़रूरत होती है असहमत लोगों और जिनसे वे असहमत हैं, उनके बीच संवाद की। असहमति को बातचीत का विषय होना होगा, न कि क्रूरता को बढ़ावा देने का। लोगों को अगर आतंकित किया जाता है तो क़ानून-व्यवस्था को लागू करना पूरी तरह निष्प्रभावी हो जाता है। यह तथ्य प्रायः सामने आता रहा है, और हाल में यह अमेरिका के कई शहरों में 'ब्लैक लाइव्स मैटर यानी अश्वेतों की जान का मोल है' नारे के तहत हुए दंगों में भी सामने आया।

मैंने जिस तरह की असहमति की चर्चा की है वह प्रबल रही है, और वर्तमान में भी मौजूद है। मैंने यह बताने की कोशिश की है कि समाज की विशेष संरचना के कारण यह सफल या विफल होती रही है। इसका मक़सद राज्यों या सरकारों को उलटना नहीं है। जो लोग इसका समर्थन करते हैं वे आतंकवादी नहीं होते। इसका ज़ोर इस बात पर होता है कि जहाँ ज़रूरी हो वहाँ समाज को बेहतरी के लिए ज़रूर बदलना चाहिए, और यह उस चीज़ की ओर इशारा करती है जो इस परिवर्तन को रोकती है। सबसे महत्त्वपूर्ण बात, इसका मक़सद हमें यह याद दिलाना होता है कि मानव-समाज नैतिक आचरण के नियमों के बिना जीवित नहीं रह सकता, जिन्हें शासकों और शासितों का समर्थन हासिल होना चाहिए। ये नियम केवल सिद्धान्त बनकर न रहें बल्कि उन्हें समाज के सभी नागरिकों के कल्याण और सुरक्षा के लिए लागू किया जाए। इतिहास हमें बताता है कि जिस व्यवस्था का उद्देश्य केवल धनी लोगों को सुरक्षा देना या किसी विशेष आस्था-पद्धति अथवा किसी एक पहचान का समर्थन करना होता है वह व्यवस्था अन्ततः विफल साबित होती है, जैसे कि वह अतीत में भी विफल होती रही है।

नैतिकता के नियम शासकों और शासितों यानी नागरिकों और सरकारी संस्थानों में बैठे लोगों के बीच खुले संवाद की माँग करते

हैं। सरकारें चन्द चुनिन्दा लोगों के लिए नहीं बल्कि सभी नागरिकों के अधिकारों को सुरक्षा प्रदान करने के लिए बनाई जाती हैं। असहमति को उस अन्तर्निहित नैतिक शक्ति के रूप में देखा जाना चाहिए, जो लोगों को एक नागरिक के रूप में अपने अधिकारों पर ज़ोर देने की क्षमता प्रदान करती है।

असहमति के अधिकार को राष्ट्र-राज्य की परिकल्पना के साथ कई तरह से रेखांकित किया जाता रहा है। मुक्त अभिव्यक्ति और असहमति का अधिकार स्वतंत्र नागरिक के विमर्श तथा व्याख्या की माँग के अधिकार को परिभाषित करता है। यह ऐतिहासिक सन्दर्भ नागरिक अधिकारों और राज्यतंत्र की ज़िम्मेदारियों के साथ उभरे नये ऐतिहासिक दौर को रेखांकित करता है। नागरिक अब 'राजा की प्रजा' नहीं है। राज्यसत्ता और नागरिक के बीच अनुबन्ध-आधारित रिश्ते ने, जिसे संविधान में दर्ज कर दिया गया है, नागरिकों को ऐसे विशेष अधिकार प्रदान किये हैं जिनका राज्यसत्ता को सम्मान करना चाहिए। अधिकारों और कर्तव्यों का सम्मान करना हर एक की नैतिक ज़िम्मेदारी है। अगर नागरिकों की ज़िम्मेदारी यह है कि वे राज्यसत्ता-विरोधी न बनें और अपने कर्तव्यों का पालन करें, तो राज्यसत्ता को भी नागरिकों के अधिकारों का सम्मान करना चाहिए और उनकी बुनियादी ज़रूरतों की पूर्ति की गारंटी देनी चाहिए। राज्यसत्ता और नागरिकों की पारस्परिक प्रतिबद्धताओं की अनदेखी नहीं की जा सकती।

असहमति कई तरह से ज़ाहिर की जाती रही है और यह जारी रहेगा बल्कि इसमें बढ़त ही होगी। अतीत में यह धार्मिक क़िस्म के मुहावरों के ज़रिये नागरिक अधिकारों से जुड़े मुद्दों की ओर चली गई। नये मुहावरों की आवश्यकता होगी; उदाहरण के लिए, पर्यावरण के विनाश और जलवायु-परिवर्तन से इसके सम्बन्धों पर हाल में हुई बहस। ये सभी तत्काल महत्त्व के मुद्दे हैं लेकिन उनमें से कुछ पर विस्तृत चर्चा की आवश्यकता है। इनमें नागरिक अधिकार निश्चित रूप से सबसे अधिक ज़रूरी हैं और इन अधिकारों में प्राथमिकताएँ निस्सन्देह विवाद का विषय

हैं। यहीं पर एक दृष्टि और उसका बचाव महत्त्वपूर्ण होगा। यदि हम एक सार्थक भविष्य की परिकल्पना करते हैं तो बुनियादी मानवाधिकारों का प्रावधान और रख-रखाव पहली शर्त होगी।

धर्मनिरपेक्ष लोकतंत्र की विचारधारा से पूरी तरह प्रभावित नागरिकों के लिए विकल्प खुला है कि वे चाहें तो असहमति के अधिकार पर ज़ोर देकर इस नए रिश्ते को प्रकट करें और राज्य की ओर से बोलने वाले लोगों, तमाम नागरिक संस्थानों के अधिकारी जनों, को चाहिए कि वे इस अधिकार की वैधता स्वीकार करें। अतीत में चली जिन विकास धाराओं को इतिहास में दर्ज किया गया है उनमें से एक धारा नागरिकों की आवाज़ में धीरे-धीरे बढ़ती स्पष्टता को रेखांकित करती है। जब नागरिक अपनी आवाज़ बुलन्द करते हैं और असहमति व्यक्त करते हैं, जैसा कि हाल के इतिहास में उन्होंने किया है, तब राज्यसत्ता उन्हें ख़ामोश कराने में अक्सर विफल रही है और उसे उनकी बात सुननी पड़ी है। अत: भविष्य यही है कि दोनों अपने अधिकारों और कर्तव्यों की सुरक्षा के लिए एक-दूसरे से निरन्तर संवाद करते रहें।

सन्दर्भ सूची

प्रस्तावना

SAID, Edward. *Orientalism: Western Conceptions of the Orient*. New York: Pantheon Books, 1978.

SMART, Ninian. *Doctrine and Argument in Indian Philosophy*. London: Allen and Unwin, 1964.

1

Aitareya Brahmana (A. B. Keith trans.) in *Rigveda Brahmanas: The Aitareya and Kausitaki Brahmanas of the Rigveda*. New Delhi: Motilal Banarsidass, 1996 [London, 1920].

Brihad-devata (M. Tokunaga ed.). Kyoto: Rinsen Book Company, 1997.

CHAKRAVARTI, Uma. 'Whatever Happened to the Vedic *Dasi*: Orientalism, Nationalism and a Script for the Past' in Kumkum Sangari and Sudesh Vaid (eds.), *Recasting Women: Essays in Colonial History*. New Delhi: Kali for Women, 1989, pp. 27-87.

DESHPANDE, Madhav M., and Peter Edwin Hook (eds). *Aryan and Non-Aryan in India*. Ann Arbor, MI: Center for South and Southeast Asian Studies, 1979.

The Principal Upanisads (Sarvepalli Radhakrishnan ed., trans., introd. and annot.). London: Allen and Unwin, 1953.

The Rigveda: The Earliest Religious Poetry of India (Jamison, Stephanie W. and Joel P. Brereton trans). New York: Oxford University Press (South Asia Research Series), 2014. Available online at: https://bit.ly/3mktxnu (last accessed on 3 September 2020).

SINGH, Hira. *Recasting Caste: From the Sacred to the Profane*. New Delhi: Sage, 2004.

STAAL, Frits. *Discovering the Vedas: Origins, Mantras, Rituals, Insights*. New Delhi: Penguin, 2008.

THAPAR, Romila. 'The Archaeological Background to the Agnicayana Ritual' in Romila Thapar, *The Historian and Her Craft,* Volume 2. New Delhi: Oxford University Press, 2017, pp. 92-121.

—, 'Fragmentary Narratives from the Vedas' in Romila Thapar, *The Past before Us: Historical Traditions of Early North India.* Ranikhet: Permanent Black, 2013, pp. 87-143.

—, Michael Witzel, Jaya Menon, Kai Friese and Razib Khan (eds), *Which of Us Are Aryans? Rethinking the Concept of Our Origins.* New Delhi: Aleph, 2019.

2

Ancient India as Described by Megasthenés and Arrian; Being a Translation of the Fragments of the Indika of Megasthenés Collected by Dr. Schwanbeck, and of the First Part of the Indika of Arrian (J. W. McCrindle trans., introd. and annot.). Calcutta: Chuckervertty, Chatterjee and Co., 1926. Available online at: https://bit.ly/2GOF0eD (last accessed on 3 September 2020).

BANA BHATTA. *The Harsa-Carita of Bana* (E. B. Cowell and F. W. Thomas trans). London, 1929[1897]. Available online at: https://bit.ly/32tKV1b (last accessed on 14 September 2020).

CHATTOPADHYAYA, Debiprasad, *Lokayata: A Study in Ancient Indian Materialism.* New Delhi: People's Publishing House, 1959.

—, and Mrinal Kanti Gangopadhyaya (eds.), *Carvaka/ Lokayata: An Anthology of Source Materials and Some Recent Studies.* New Delhi: Indian Council of Philosophical Research, 1990.

CHAKRAVARTI, Uma. *Social Dimensions of Early Buddhism.* New Delhi: Oxford University Press, 1987.

DHERE, Ramchandra Chintaman. *The Rise of a Folk God: Vitthal of Pandharpur* (Anne Feldhaus trans.). Delhi: Oxford University Press, 2011.

JAINI, Padmanabh S. *The Jaina Path of Purification*. Berkeley, CA: University of California Press, 1979. Also New Delhi: Motilal Banarsidass, 2014. The latter is available online at: https://bit.ly/2ZRIEwn (last accessed on 3 September 2020).

Kalhana's Rajatarangini: A Chronicle of the Kings of Kashmir, 3 VOLS

(M. A Stein trans., introd. and comment.). New Delhi: Motilal Banarsidass, 1979[1900].

The Kautilya Arthasastra, 3 VOLS (R. P. Kangle ed., trans, and comm.). Bombay: University of Bombay (University of Bombay Studies: Sanskrit, Prakrit and Pali, Nos. 1-3), 1960, 1963, 1965, respectively.

Manu's Code of Law: A Critical Edition and Translation of the Manava-dharmasastra (Patrick Olivelle ed. and trans.). New York: Oxford University Press, 2005. [See also *The Law Code of Manu: A New Translation Based on the Critical Edition by Patrick Olivelle* (New York: Oxford University Press, 2004).]

NAGASENA, *Milinda-panho as: The Questions of King Milinda,* 2 VOLS (T. W. Rhys Davids trans.). New York: Dover Publications (Sacred Books of the East Series), 1963.

Patanjali's Vyakarana-Mahabhasya (S. D. Joshi ed., trans. and annot.). Poona: University of Poona (Publications of the Centre of Advanced Study in Sanskrit Class C, No. 3), 1968. Available online at: https://bit.ly/2GY1J8i (last accessed on 3 September 2020).

The Puranas (Ludo Rocher trans.). Wiesbaden: Verlag Otto Harrassowitz (History of Indian Literature Series), 1986.

The Sarva-darshana-sangraha or Review of the Different Systems of Hindu Philosophy by Madhava Acharya (E. B. Cowell and A. E. Gough trans). London: Trübner and Co., 1882. Available online at: https://bit.ly/35z94p9 (last accessed on 3 September 2020).

ROY, Kumkum. 'Representing Heresies: The "Others" in the Ekanipata Jataka.' Paper presented at the symposium "Heresies in History'- Indian History Congress 72nd Session, Patiala, 12 December 2011.

SARAO, K. T. S., *Decline of Buddhism in India: A Fresh Perspective*. New Delhi: Munshiram Manoharlal, 2012.

SHRIMALI, Krishna Mohan. 'Reason and Rationality: Some Leaves from India's Intellectual History.' *Social Scientist* 46 (3-4) (538-539) (March-April 2018): 3-44.

SONTHEIMER, Gunther-Dietz. *Pastoral Deities in Western India* (Anne Feldhaus ed. and trans.). New Delhi: Oxford University Press, 1993.

THAPAR, Romila. *Asoka and the Decline of the Mauryas*. New Delhi: Oxford University Press, 1996.

—, 'The *Puranas*: Heresy and the *Vamsanucarita*' in Romila Thapar, *The Historian and Her Craft*, VOL. 4. New Delhi: Oxford University

Press, 2017, pp. 184-204.

—, 'Renunciation: The Making of a Counter-Culture?' in Romila Thapar, *The Historian and Her Craft,* VOL. 4. New Delhi: Oxford University Press, 2017, pp. 102-37.

VERARDI, Giovanni. *Hardships and Downfall of Buddhism in India*. Singapore: Institute of Southeast Asian Studies/New Delhi: Manohar, 2011.

WATTERS, Thomas. *On Yuang Chwang's Travels in India,* 629- 645 AD (T. W. Rhys Davids, S. W. Bushell and Vincent A. Smith eds.). London: Royal Asiatic Society (Oriental Translation Fund New Series, VOL. XIV), 1904. Available online at: https://bit.ly/330g0mh (last accessed on 3 September).

3

Ambedkar, B. R. *Annihilation of Caste: An Undelivered Speech* (Mulk Raj Anand ed.). New Delhi: Arnold Publishers, 1990.

Jha, Vivekanand. *Candala: Untouchability and Caste in Early India.* New Delhi: Primus Books, 2018.

The Mahabharata, Volume 7: Book 11, The Book of the Women, and Book 12, The Book of Peace, Part 1 (J. L. Fitzgerald trans. and introd.). Chicago: The University of Chicago Press, 2004, pp. 79-164.

SHARMA, Ram Sharan. *Sudras in Ancient India: A Social History of the Lower Order Down to Circa A.D. 600*, 2nd REVD EDN. New Delhi: Motilal Banarsidass, 1980.

ZELLIOT, Eleanor and Rohini Mokashi-Punekar. *Untouchable Saints: An Indian Phenomenon.* New Delhi: Manohar, 2005.

4

BHAGAVAN, Manu and Anne Feldhaus (eds). *Speaking Truth to Power: Religion, Caste and the Subaltern Question in India*. New Delhi: Oxford University Press, 2009.

EATON, Richard M. *India in the Persianate Age: 1000-1765.* New York: Allen Lane, 2019.

ERNST, Carl W. *Refractions of Islam in India: Situating Sufism and Yoga*. New Delhi: Sage, 2016.

ESCHMANN, A. 'Religion, Reaction and Change: The Role of Sects in

Hinduism' in Gunther-Dietz Sontheimer and Hermann Kulke (eds), *Hinduism Reconsidered*. New Delhi: Manohar, 1989, pp. 108-20.

FLOOD, Finbar Barry. *Objects of Translation: Material Culture and Medieval 'Hindu-Muslim' Encounter*. Princeton, NJ: Princeton University Press, 2009.

GANGARAM, *The Maharashtra Purana: An Eighteenth Century Bengali Historical Text* (Edward C. Dimock and Pratul Chandra Gupta trans., annot. and introd.). Calcutta: Orient Longman, 1985.

HAWLEY, John Stratton. *A Storm of Songs: India and the Idea of the Bhakti Movement.* Cambridge, MA: Harvard University Press, 2015

—, and Mark Juergensmeyer. *Songs of the Saints of India.* New Delhi: Oxford University Press, 2007.

JAINI, Padmanabh S. 'Jaina Puranas: A Puranic Counter Tradition' in Wendy Doniger (ed), *Purana Perennis: Reciprocity and Transformation in Hindu and Jaina Texts.* New York: SUNY Press, 1993, pp. 207-49.

MADHUSUDANA SARSVATI. *Prasthanabheda*. Srirangam: Sri Vani Vilas Press, 1919 [Sanskrit]. Available online at: https://bit.ly/35y2wXG (last accessed on 3 September 2020).

MUKTA, Parita. *Upholding Common Life: The Community of Mirabai.* New Delhi: Oxford University Press, 1998.

PRASHAD, Pushpa. *Sanskrit Inscriptions of the Delhi Sultanate, 1191-1526.* New Delhi: Oxford University Press, 1990.

TALBOT, Cynthia. 'Inscribing the Other, Inscribing the Self: Hindu-Muslim Identities in Pre-colonial India.' *Comparative Studies in Society and History 37*(4) (1995): 692-722.

The Yuga Purana (John E. Mitchiner ed., trans. and introd.) Calcutta: The Asiatic Society, 1986. Available online at: https://bit.ly/3kbV3S) (last accessed on 3 September 2020).

5

ANDERSON, Benedict. *Imagined Communities: Reflections on the Origin and Spread of Nationalism*, REVD EDN. London: Verso 2006[1983].

GOLWALKAR, M. S. *We, or Our Nationhood Defined.* Nagpur: Bharat Publications, 1939,

HOBSBAWM, Eric. *Nations and Nationalism since 1780: Programme, Myth, Reality,* Cambridge: Cambridge University Press, 1990.

JONES, Kenneth W. *Arya Dharm: Hindu Consciousness in 19th-Century Punjab.* New Delhi: Manohar, 1989.

SAVARKAR, Vinayak Damodar. *Essentials of Hindutva.* Bombay: Veer Savarkar Prakashan, 1923.

—, *Hindutva: Who Is a Hindu?* Bombay: Veer Savarkar Prakashan, 1928. Available online at: https://bit.ly/35wDJmU (last accessed on 3 September 2020).

SCHWAB, Raymond. *La Renaissance Orientale.* Paris: Payot, 1950. Available in English as: *The Oriental Renaissance: Europe's Rediscovery of India and the East 1680-1880* (Gene Patterson-Black and Victor Reinking trans; Edward W. Said foreword). New York: Columbia University Press, 1984.

THAPAR, Romila. 'Imagined Religious Communities: Ancient History and the Modern Search for a Hindu Identity' in Romila Thapar, *The Historian and Her Craft,* VOL. 1. New Delhi: Oxford University Press, 2017, pp. 131-54.

TILAK, Bal Gangadhar. *The Arctic Home of the Vedas: Being Also a New Key to the Interpretation of Many Vedic Texts and Legends.* Poona: Tilak Bros., 1909.

6

CHAKRBARTI, Kunal. *Religious Process: the Puranas and the Making of a Regional Tradition.* New Delhi: Oxford University Press, 2001.

DALMIA, Vasudha, and Heinrich von Steitencron (eds). *The Oxford India Hinduism Reader.* New Delhi: Oxford University press, 2007.

KING, Richard. *Orientalism and Religion: Postcolonial Theory, India and 'The Mystic East'.* New Delhi: Routledge, 1999.

LORENZEN, David. *Who Invented Hinduism? Essays on Religion in History.* New Delhi: Yoda Press, 2006.

PENNINGTON, Brian K. *Was Hinduism Invented? Britons, Indians, and the Colonial Construction of Religion.* New York: Oxford University Press, 2005.

SONTHEIMER, Gunther-Dietz, and Hermann Kulke (eds). *Hinduism Reconsidered.* New Delhi: Manohar, 2001.

7

ERIKSON, Erik H. *Gandhi's Truth: On the Origins of Militant Nonviolence.* New York. W. W. Norton, 1969.

GANDHI, Rajmohan. *Why Gandhi Still Matters: An Appraisal of the Mahatma's Legacy.* New Delhi: Aleph, 2017.

HOWARD, Veena R. *Gandhi's Ascetic Activism: Renunication and Social Action.* New York: SUNY Press, 2013.

SKARIA, Ajay. *Unconditional Equality: Gandhi's Religion of Resistance.* New Delhi: Orient Blackswan, 2016.

8

THAPAR, Romila. *The Past before Us: Historical Traditions of Early North India.* Ranikhet: Permanent Black, 2013.

ZEIGLER, Norman P. 'Marvari Historical Chronicles: Sources for the Social and Cultural History of Rajasthan. *Indian Economic and Social History Review* 13(2) (1976): 219-50.

9

AMIN, Shahid. 'Gandhi as Mahatma: Gorakhpur District, Eastern UP, 1921-22' in Ranajit Guha (ed.), *Subaltern Studies 3: Writings on South Asian History and Society.* New Delhi: Oxford University Press, 1984, pp. 1-61.

BASHAM, A. L. *The Origins and Development of Classical Hinduism* (Kenneth G. Zysk ed.). New Delhi: Oxford University Press, 1991.

FITZGERALD, J. L. 'Introduction' to *The Mahabharata, Volume 7: Book 11, The Book of the Women, and Book 12, The Book of Peace, Part 1* (J. L. Fitzgerald trans. and introd.). Chicago: University of Chicago Press, 2004, pp. 98ff.

HAUSER, Walter. *The Bihar Provincial Kisan Sabha 1929-1942: A Study of an Indian Peasant Movement* (William R. Pinch foreword; curated with an afterword by Kailash Chandra Jha). New Delhi: Manohar, 2019.

PALSHIKAR, Sanjay. *Evil and the Philosophy of Retribution: Modern Commentaries on the Bhagavad-Gita.* New Delhi: Routledge, 2016.

PINCH, William R. *Peasants and Monks in British India. Berkeley,* CA: University of California Press, 1996.

SIDDIQUI, M. H. *Agrarian Unrest in North India: United Provinces, 1918-22.* New Delhi: Vikas Publishing House (Vikas History Series), 1978.

SUKTHANKAR, Vishnu Sitaram. *On the Meaning of the Mahabharata.* Bombay: Asiatic Society of Bombay, 1998[1957].

SUTTON, Nick. Asoka and Yudhisthira: A Historical Setting for the Ideological Tensions of the *Mahabharata? Religion 27*(4) (1997): 333-41.